U0020886

大是文化

「本の読み方」で人生が思い通りになる 讀書革命

高所得者的
高效閱讀法

閱讀的目的很多，而為了提高收入、拓展人際關係、職涯發展，你最需要學會這套革命性閱讀法

超過千萬人觀看的日本最強說書頻道
「YouTube圖書館」創辦人、已出版39本書
金川顯教——著 黃怡菁——譯

CONTENTS

第2章 這套方法，讓我一個月讀完六十本書 55

第5章 這不是功課，而是生活的一部分

推薦序一

豐富人生，從品味書香開始

「內容駭客」、「Vista 讀書」網站創辦人／鄭緯筌

認識我的朋友都知道，我是一個愛書成痴的書蟲。不但喜歡看書，看書的速度也還算快，平時也很樂於透過「Vista 讀書」網站，以及「我愛寫筆記」臉書社團跟身邊的親友推薦好書。

我曾經估算過，一般的商管書，我自己大概只需花五到十分鐘就能看完，也因為大量涉獵書籍的經驗，讓我有自信能很快萃取書中的觀點與知識。但正所謂「強中更有強中手」，如果遇到《高所得者的高效閱讀法》作者金川顯教，可能就得自愧弗如了。

金川顯教不但每天至少讀完兩本書，還把讀書心得拍成影片上傳到 YouTube 跟網友們分享，可說是一位相當認真、勤勉的 YouTuber。但你可別以為他整天閒閒沒事做，他同時身兼經營顧問、事業開創者、投資人、經營者與作家等多重身分，可說是活躍於東瀛的專業人士。

看到這裡，你可能會想：莫非他以前學過速讀嗎？不然怎麼能夠如此善用時間高效閱讀呢？其實不然，有別於傳統的速讀，金川式閱讀法強調的是用不同方式，分成四次讀完；他擅長運用槓桿的方式來看書，換句話說，只要讀完一本書的兩成，就能掌握該書剩下八成的內容。

由於金川顯教本身是一位忙碌的專業人士，可想而知，他很看重效率，所以每次涉獵書籍時，他最重視的自然是「能將讀完的內容說給別人聽」，簡單來說也就是輸出的方法與成效。

他在前作《聰明人都實踐的輸出力法則》之中也曾提及：「想以最快速度獲得成果，就要從產出做起。」寫作如此，閱讀亦然。與其知道得更多，金川顯教更重視如何消化、吸收與表達；換言之，也就是如何有效的萃取知識，進而對外溝通、表達與呈現自我。

我很喜歡小說《冰與火之歌》（*A Song of Ice and Fire*）作者喬治・馬丁（George R. R. Martin）所說過的一段話：「閱讀的人在臨終前經歷了一千種人生，從來不閱讀的人只經歷了一種人生。」（A reader lives a thousand lives before he dies. The man who never reads lives only one.）

很高興在此時，聽聞大是文化引進金川顯教的最新力作《高所得者的高效閱讀法》，閱讀不但可以解憂，還能拓展我們的視野。雖然沒有人知道眼前這場世紀疫情何時能夠落幕，也無法得知未來還會發生哪些重大事件，但我始終相信：閱讀可以豐富人生，也足以改變人生。

嗯，現在就讓我們一起來學習高效閱讀法，進入美好的書香國度吧！

推薦序二

閱讀能教導我們在每一個難題面前，做出有意義的抉擇

「閱讀人」創辦人／鄭俊德

你是不是曾經買過很多書，努力閱讀，櫃上的書卻怎樣都讀不完？你是否奔波忙碌於工作中，昨日的學習很快就又過時，好像怎麼學都學不夠用？在這個時代，我們似乎需要快速閱讀、累積知識的能力。如果在你腦袋中時常閃過這樣的念頭，那恭喜你，如今在你面前的這本書，正是你所需要的重要工具。

本書作者金川顯教，為顧問公司經營者、商務企劃製作人、出版製作人、事業家、作家。他說，因為有閱讀習慣，才獲得了得以從事高收入工作的能力。透過高

效閱讀法，他懂得如何快速汲取專家的新思維、新想法，這幫助他解決工作與生活中的種種困難，並在短時間內累積多方能力與獲取高收入。

如今作者以親身經歷現身說法，透過書中鉅細靡遺的描述與分享，幫助我們能在其中找出適合自己的閱讀習慣與學習方式。

作者說：「幾乎所有的成功人士都擁有良好的閱讀習慣。」透過案例與數據一一證實。不過這裡也要提醒，高收入者，並非因為有閱讀習慣才有錢；而是因為有了好的閱讀習慣，才能擁有能力與見識，帶來更多高收入技能的機會。

書中提出在閱讀中人人常遇見的問題，透過化繁為簡的思考學習，一步步教導讀者如何分析解決在閱讀中的每一個步驟流程，從討論書應該怎麼讀、是否要讀完、如何選書，2W1H讀書心法等，一一分解教授。

若你目前喜歡閱讀，也想進一步學習閱讀法，這將會是一本含金量滿滿的誠意好書。

作者利用深入淺出的模型架構，說明了改變人生的讀書法流程，這裡也分享我結合作者觀點的應用做法。

步驟一讀前預測：從少量資訊中建立假設，進而解決問題。這部分我會運用封面、目錄、序的閱讀，去想一個假設性問題，或是我工作或生活所遇到的問題，再透過後續步驟去找出答案。

步驟二斷捨離式閱讀：在有限的時間中，果斷選擇取捨。從目錄中挑選出最有可能的目錄章節，或是快速瀏覽每一頁的大標題，去找出最可能的答案出處。這一步不需要細讀，只要略讀的快速掃過，以求最快時間找到自己需要的重點。

步驟三記者式閱讀：不將資訊囫圇吞棗，而是加以查證。查找到資料之後，將找到的資料故事摘錄筆記，再透過關鍵字，搜尋裡頭的專業觀點或是案例，你將蒐集到多個相關資訊，也可同步確認資訊真偽。

步驟四歸納式閱讀：培養宏觀的能力，重點摘要並應用在工作上。將摘要後的重點再次整理，我自己會撰寫成心得分享在閱讀人社團，在人人都是自媒體的時代，發揮學習的應用價值。

有人說，讀一本好書，就是在和許多厲害的專家聊天。當世界變化越快，我們越是要努力閱讀，這能幫助我們勇敢跨越生活中的低潮與難關，教導我們在每一個難題面前，做出有意義的抉擇。

如果過去閱讀與你的關係，如同三過家門而不入，或許這本書將提點你，讓你跨過門檻，讓知識留存並應用，更重要的是，為自己創造高所得的專業價值。

前言

這世上，沒有閱讀解決不了的問題

感謝你購買本書。在開始閱讀前，我想問你一個問題，你是否很苦惱閱讀這件事？「看完以後總是記不清楚內容，一下就忘光光了。」、「想要能夠更快速的讀完一本書。」如果你正煩惱這些事，那麼買下本書的你，簡直就是超級幸運兒，因為你買對了。我親身力行的獨門讀書法，正是能完全解決此煩惱的妙方，而我也將在書中傳授這套獨門讀書法。

我目前經營一個 YouTube 頻道，名叫「YouTube 圖書館」。每當我閱讀完一本書，就會把讀後心得及該書的介紹拍成影片，上傳到頻道與大家分享。一本書的心得就是一支影片，目前我每天都會介紹兩本書，也就是說，為了持續經營這個頻道，**我每一天至少都要讀完兩本書**。

看到這裡，你是否心裡想：「一天兩本？這也太難了吧！」為了拍影片，我每天都花三十分鐘閱讀一本書，兩本則是一小時，最重要的是，書中內容我都有理解並且記得。

我所採用的讀書法，並不是一般坊間說的，在短時間內讀完一本書的「速讀」法，我的獨門讀書法有以下三個特點：

- 不是一口氣讀完一本書，而是用不同的方式，分成四次讀完。
- 只要讀完一本書的兩成，就能掌握該書剩下八成的內容。
- 最該重視的是輸出——**能夠將讀完的內容說給別人聽**。

什麼叫用不同的方法、分成四次讀完一本書？看完兩成的內容就等於讀完整本？這是什麼讀書法？想必你現在應該一頭霧水。不用擔心，因為本書就是要傳授各位這套神奇的讀書法。或許有些人會說：「這種讀書法聽都沒聽過！邪門歪道！」但是我透過經營 YouTube 頻道、發布影片，已經證明這套讀書法，真的可以讓人好好記住並且正確理解書本內容，還能向他人闡述讀後心得。請各位上我的YouTube 頻道「YouTube 圖書館」，看過我的影片之後，應該就能相信這套讀書法是真的有其效益。

接下來，就讓我介紹一下本書的架構。

第一章，我會說明閱讀的重要性、可以帶來的好處，以及為什麼我們應該要多多閱讀？除了獲取資訊與知識之外，透過讀書，我們還能得到什麼？

第二章則是針對「每天讀兩本書、每本花三十分鐘」，我會將這套讀書法分成四個步驟來具體說明。這套方法絕對不是單純的速讀，它將會為你帶來全新的閱讀體驗，敬請期待。

第三章，則來說說藉由閱讀，我們可以學到什麼技能。閱讀所能獲得的東西，絕對不只知識或資訊，而是更多元、更廣闊的思考模式。隨著思辨能力的提升，不論是工作能力或是生活品質，肯定能更上層樓，在本章節，我將會舉出具體事例來說明這項論點。

看完書後，要怎麼輸出我們所獲得的內容與心得？在第四章，我會具體說明實踐方法。相較於一個人默默閱讀、獨自吸收（輸入），我的這套讀書法，更重視向他人傳達自己吸收到的內容（輸出），誠心推薦大家務必將這套方法學起來。

最後，在第五章，我會傳授如何透過培養閱讀習慣，來讓自己獲得更多益處這方面的心得與技巧。若你經常煩惱沒有時間閱讀、集中力不足，或是缺乏閱讀動力等，請務必參考看看我的方式，一定能為各位帶來幫助。另外，我也會推薦介紹「你應該要讀的三十本書」。

對於本來就已經擁有閱讀習慣的讀者，可以跳過第一章、第五章。若是還不太習慣看書、覺得讀完整本很吃力的讀者，可以先挑本書中，你比較感興趣的章節閱讀就好。

工作、金錢、人際關係、戀愛、結婚、教育、追求幸福等，人生的各種煩惱無論什麼時代都一樣，而所有書本的誕生，就是地球上的人類歷經歲月，將傳承下來的經驗與答案編輯成冊，流傳後人，總而言之，我認為絕大多數煩惱，都能透過閱讀來找到解方。

這個世界上，肯定也有不少人抱持著跟你一樣的煩惱，也肯定有另一群人能夠解決。因此，我想這世上，應該沒有閱讀解決不了的問題，當煩惱消失，人自然就會快樂起來。

閱讀，真的可以改變人生。

誠摯推薦你透過本書，學會我的讀書法，讓未來都能如你所願。

第 1 章

高所得者都有的閱讀習慣

1 生存能力強的人都這樣讀書

微軟創辦人比爾．蓋茲（Bill Gates）、投資家華倫．巴菲特（Warren Buffett）、軟銀集團創辦人孫正義。這些都是世界有名的經營者暨投資家，亦是事業成功人士的代表。這三個人，其實都有一個共同點——他們都喜歡閱讀。

例如，孫正義在創業初期，當事業正要開始上軌道時，他卻生病了，逼不得已住院將近三年半，而在這段期間，他居然讀完了四千本書；比爾．蓋茲與華倫．巴菲特在一場公開座談會中，有聽眾問他們：「若是能任選得到一種超能力，您會想要什麼？」他們都回答：「快速閱讀的能力。」若不是平時就有大量閱讀習慣的人，應該不會這樣回答吧。

事實上，不僅這三人，幾乎成功人士都擁有閱讀習慣。美國的「企業管理學位」（Business Management Degree），針對大富豪的富裕階層，與年收入三百萬日圓（約三萬美元）以下的階層，進行閱讀習慣調查，並發表了調查結果（下圖圖一）。

- 一天會閱讀商業書籍達三十分鐘以上：富裕層八八%，年收入三百萬日圓以下層二%。
- 自認是閱讀愛好者：富裕層八六%，年收入三百萬圓以下層二六%。
- 通勤時，會收聽有聲書：

圖 1　閱讀量與所得的關聯性

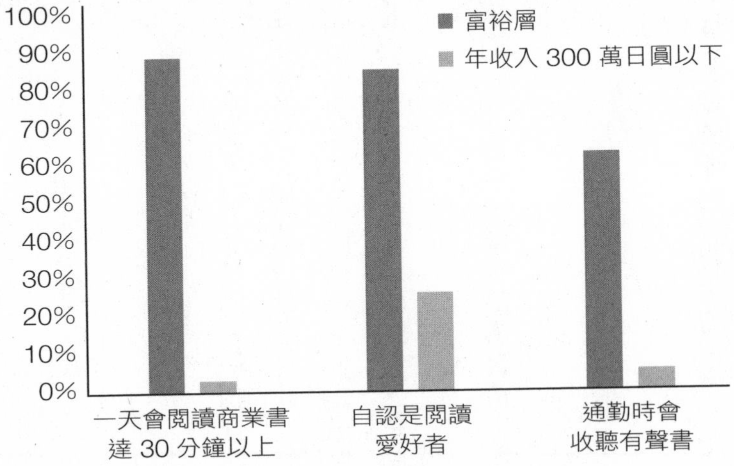

出處：根據Business Management Degree的調查結果製成。

富裕層六三％，年收入三百萬日圓以下層五％。

兩者之間的差距顯而易見，甚至可以說，年收入三百萬日圓以下階層的人士，幾乎沒有閱讀商業書的習慣。

這個現象不是只有美國如此。在日本，《PRESIDENT》雜誌的一份調查結果顯示，「每個月閱讀四本書以上」的人數占比，年收入五百萬日圓階層為一七．〇％，年收入一千五百萬日圓階層為三四．六％（第二十五頁圖二）。由此可見，就算不是像比爾．蓋茲、華倫．巴菲特那樣世界知名的大富豪，但年收入越高的人，比較有閱讀習慣。

我想強調的是，並非擁有高收入，才有閱讀習慣，而**是因為有閱讀習慣，才獲得了得以從事高收入工作的能力**。

高所得者時時刻刻透過閱讀來精進自己，從中所習得的洞察力，就是構築未來藍圖的重要骨幹。

這些成功人士得以擁有現在的社經地位，運氣或許不容忽視，但也要有能抓住好運的能力，才能發揮最大效益。機會不會留給只是等待的人，而是給能夠抓住機會的人，而洞察力，能幫助你掌握住機會。

相信不需要我多言，各位也一定能感受到，我們身處的大環境，正在產生劇烈變化。例如，目前與人類共生共存的智慧AI科技，在未來很有可能被廣泛運用於商務領域，智慧AI科技的地位有可能大幅提升，它將漸漸取代單純的辦公室作業，未來很有可能取代

圖 2 每個月閱讀四本書籍以上的人數占比

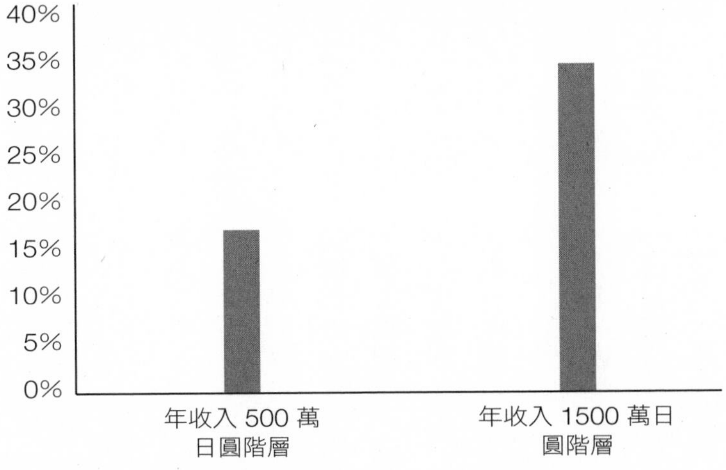

40%
35%
30%
25%
20%
15%
10%
5%
0%

年收入 500 萬日圓階層
年收入 1500 萬日圓階層

出處：根據《PRESIDENT》雜誌（PRESIDENT 出版社）2012 年 4/30 號刊載資料製成。

超過半數的白領階級作業。

除了工作，生活模式也會有劇烈改變。計程車變成自動駕駛、宅配由無人機配送、便利商店也會成為利用臉部辨識系統來運作的無人商店……這些早已不是白日夢，而是現在進行式，在不久的未來，極有可能成為你我的現實生活。

當整個社會演變成那樣的新型態，我們要如何才能在其中生存下去？正因時代變遷之快，未來更加難以預測，面對突如其來的考驗，臨機應變與洞察先機更是不可或缺的能力。當我們身陷意外狀況時，擁有洞察力，就能快速做出合宜的應對。

二〇二〇年，新冠肺炎侵襲了全世界，讓線上視訊會議、居家遠端連線等工作型態越來越普及；新幹線及飛機的載客量大幅縮減，經濟成長率也激烈惡化，可以說全世界的商業環境都有了驚濤駭浪的大轉變。

我想直到二〇一九年的夏季，應該沒有任何一個人會預想到這種變化，甚至準備好應對。儘管如此，若是我們擁有良好的洞察力，就能掌握情報、觀察局勢，早一步做好準備來面對考驗。許多成功人士都是靠閱讀來培養自己的洞察力，最後成功度過各種危機難關，才有了現今的成就。

就算沒打算成為世界知名的成功人士，但身為大環境的一分子、在劇烈變化的時代潮流中求生存的生意人，若是不持續努力學習、精進自己，也很難不被時代淘汰。即便倖存下來，面對經濟落差越來越大的困境，相信擋在面前的又是一道艱難考驗。

要想避免陷入困頓窘境，我們必須像成功人士一樣，培養、鍛鍊自己的生存能力。那麼，培養生存能力的必要關鍵是什麼？我將之稱為思辨能力。基本上就是透過閱讀來培養、鍛鍊，在後面的章節，我將會更進一步說明關於思辨能力。

對於現階段的我們而言，最重要的是建立閱讀習慣，並打造屬於自己的思辨能力，這也可以說是個人閱讀後的成果展現。

新冠肺炎在全世界引發前所未有的變化，未來將更加瞬息萬變、深不可測，相信許多人也都深受其苦。處在這樣的局勢中，唯有強化自己的生存能力才是正道。本書我將傾囊相授強化生存能力的閱讀心法，務必親身實踐。

2 不斷自問「這句話是什麼意思？」

在前面的章節中，我們談了許多關於閱讀的重要性，但老實說，透過閱讀所得到的知識，與自我思考後所獲得的東西，是兩回事。

可能很多人都覺得：「這不是廢話嗎，表面知道與深入思考，本來就是兩件事。」其實有不少人無法區分這兩者的不同，說得更正確一點，大多數人以為自己能區分，其實不然。

是不是覺得有點難懂？讓我來仔細說明吧。所謂的知識，是指單純的情報、資訊，透過閱讀書籍、與他人的對話，任何人都可以獲得。聽到自己從來沒聽過的新名詞、看別人如何分析現在的局勢，或是聽到別人預測未來的經濟變化趨勢等，吸收這些知識，的確能大幅充實我們的腦內資料庫。我也不是要說認真讀書、吸收很多知識沒意義。重點是，吸收大量知識後，還要進一步思考。

舉例來說，在一本書的某個章節裡出現了這樣一段話：「明年美國的經濟景氣就會復甦，所以我買了美股。」當你讀到這段話時，你會怎麼想？是「哦！美國的經濟景氣會復甦啊！那我也來買美股吧。」或是「美國的經濟景氣會復甦嗎？作者是根據什麼判斷的啊？」還是「美國的經濟景氣真的復甦的話，要買哪一支股票才好？」

上述反應的差別在於，有些人將書中的知識照單全收，讀過就算了；有些人則是吸收之後，進一步去思考更深層的東西。若是想要把閱讀效益發揮到最大，就要融會貫通。但很可惜，大多數人都認為把書讀完了以後，就有吸收到知識，甚至誤以為書中的知識，等於自己思考的結果，實在大錯特錯。

若你以「反正書上那樣寫，肯定不會有錯吧」這種態度，是絕對無法培養洞察力。不管你讀了多少本、吸收了多少資訊，都只是表面上知道而已。

假如讀到了A論點，你心想：「A論點說得沒錯，就是這樣！」然後讀到跟A論點完全相反的B論點時，你心裡又想：「B論點也很有道理，果然是A論點有錯吧！」如此輕易受影響而動搖自己的想法，那在廣大無際的知識大海中，你將漂泊不定、找不到自己的定位，這樣別說是要鍛鍊增強了，就連基本的思辨能力都會有問題。

到底該怎麼做才好？詳細方法後面章節會再繼續探討，我所要推薦的閱讀法，是**針對書中內容提出質疑、透過提問來引導反思，是一種動態閱讀法**。很少有人讀完一本書之後，能百分之百理解且完全認同，甚至很有共鳴。

當你在看一本書的時候，若是有「這段話是什麼意思啊？」、「雖然作者這麼寫，但我不這麼想」的想法的話，可以試著仔細去思考那段話到底有什麼涵義？作者想表達的為什麼跟你想的不一樣？就算得出與作者相反的論點也沒關係。整合書中內容與自己思考的內容吧，畢竟書中的內容只是單純的情報資訊，要再加上自己的思考，才是融會貫通。

以剛才我所舉的例子來說，「假設明年美國的經濟真的能回歸正軌，就可以先搜尋看看有無相關資料支持這個假設，如此也能查到績優產業及虧損產業的相關資訊，比較差異。」我們必須透過自己的大腦，得出這種具體結論，才算輸出。這樣動腦思考的過程，有助於加強我們去理解知識，以及鍛鍊自我的思辨能力。

獲取資訊（輸入）↓根據該資訊進一步多元思考↓用自己的話語表達想法（輸出）。這個流程，不僅指學習，更是閱讀的真諦。在閱讀後，要能用自己的話表達自己的想法，這是我最重視的要點，輸出是非常重要的事。

建立起這套讀書模式，相信不論是在職場或是日常生活，一定會派上用場。閱讀真正目的，不只是被動吸收知識，更是為了鍛鍊大腦思考。

3 先看前言或後記，找出主旨

「我是有在看書啦，但每次看完都想不起內容，也不記得講了什麼……。」我經常聽到有人這麼說。我認為，這是因為在閱讀的當下，自以為有讀懂書裡的內容，但其實根本沒有真正理解。要讓閱讀有效率、有意義，有一個重點必須牢記在心——不要以為看完就代表看懂。

接下來，我要問大家一個問題：「你能用一句話簡單說明自己最近讀的書的內容嗎？」大多數人在閱讀的當下，多半是邊看邊點頭、在心裡跟著文字段落閱讀。然而讀完最後一頁，要你放下書本、介紹內容時，竟然有很多人都無法好好說明。

除非是特別令人印象深刻的橋段，可能剛看完書時還會記憶猶新，只聊那一個段落的話還行。但這充其量就跟「這本書很有趣」、「這本書好無聊」差不多等級，只是感想罷了。要讀完一本書，一般要花上數小時，若你讀完之後，只能說出這種程度的感想，豈不是白白浪費那數小時的光陰嗎？

物理學家愛因斯坦（Albert Einstein）說過：「如果你無法解釋的連六歲小孩都聽懂，那代表你自己也不明白。」一般人要用淺顯易懂的方式，讓六歲小孩聽懂相對論，這當然難如登天，但如果只是用一句話說明自己最近讀的一本書，你我應該都辦得到。

為什麼我敢這麼說？因為絕大多數的作者，透過作品所要傳達的主旨，往往用一句話就能總結。反之，也可以說作者為了傳達那一句主旨，而努力寫了一整本書。作為讀者的我們，想要真正理解一本書，就得找出主旨。

我再來舉例說明，有一本書叫做《絕對做得到的持續術》。如果有人做事總是三分鐘熱度，想必很容易就會被這個書名吸引。

各位不妨猜猜看，這本書裡都寫些什麼樣的內容？「能夠持之以恆必須有堅強的意志力，應該是介紹如何增強意志力」、「應該是在說如何才能常保熱情與動力」，或許有不少人會這麼認為，但很可惜都答錯了。

作者在書裡說道：「你之所以無法持之以恆，其實跟你的意志力沒有關係，而是因為你不知道持續下去的方法，這才是關鍵……。」

「只要知道可以持續下去的方法，就能持之以恆」，這才是作者想要傳達的主旨。作者花費了所有心思，整本書的內容圍繞著主旨，包括提出論點及支持其論點的資料、執行持續技術的實踐方法等，花費廣大篇幅，就只是要向讀者傳達他的主旨。以這本書的架構來說，最核心的重點就是：「持續下去的技術，具體說來是什麼？」先理解這點之後，書中的重點內容自然就會在你的大腦中留下印象。

掌握了作者寫書的目的之後，循著脈絡去閱讀，如何持之以恆的方法或手段，就會一點一滴記在腦海裡。

作者想要傳達的主旨，大多會放在前言或後記。我剛才提到的《絕對做得到的持續術》，也是在前言就直接破題。若能用一句話來說明作者想要傳達的主旨，你就能將你所閱讀的東西，更有效率的與他人分享，也代表你真正吸收了書本內容。

在閱讀一本書的時候，請務必思考作者要說什麼，讓自己能清楚向他人說明。如此，各位所閱讀過的每一本書的內容，才能好好的留在大腦裡。

4 多看名人傳記，你不容易鑽牛角尖

閱讀的好處之一，就是可以看到各種成功與失敗的案例，讓你在行動之前，便能充分參考學習。

堪稱日本職棒界的傳奇選手暨教練野村克也曾說過：「有不可思議的勝戰，沒有不可思議的敗仗。」在棒球比賽中，會出現各種有利或不利的狀況，例如敵隊選手出現失誤、主審的判定較不友善等，再加上運氣，在眾多因素的影響下，有時甚至會發生爆冷門、逆轉勝等不可思議的勝利賽事。

然而野村克也認為，比賽落敗根本沒有「不知道為什麼莫名就輸了」這種事。會出現失誤，代表選手的守備練習不夠充分；若是害怕裁判的判決會影響勝敗，就不要做出引起爭議的行為。勝利或許不一定有明確的理由，但失敗肯定有其原因。

野村克也認為，想要贏得比賽，最重要的應該是如何不要輸。換句話說，在想怎麼贏之前，要先思考所有可能會落敗的因素，並逐一擊破，才是重點。

這個論點絕對不是紙上談兵。野村克也以教練的身分，在平成年間（一九八九年一月八日至二〇一九年四月三十日）取得最多勝戰紀錄，同時也是紀錄保持人。如此輝煌的表現，足以證明他的想法是正確的。

我認為野村克也的論點，也能用在商業界。

孫正義、樂天集團創辦人三木谷浩史、UNIQLO 創辦人柳井正……這些成功人士是如何達到現在的成就，其背後有各式各樣的因素。然而，如果我們深入了解並加以分析，便可以在眾多因素中找到他們的共同點，而他們的共同點，就是曾經都失敗過。

這邊請大家回想一下野村克也的名言與理念。若成功人士的共同點是經歷失敗，那我們可以從成功人士的身上學到什麼，才能在事業上獲得成功？或是當我們失敗時，該怎麼做才能東山再起？我們應該學習成功人士們處在谷底時，是如何改變心境、價值觀和思考方式，進而獲得新的力量，再度奮起然後成功。而閱讀，就是我們最好的學習方式。

書店陳列關於經營者的書籍多到難以計數，其中多以分享「失敗談」為主。接下來，我將列舉五個經典名人案例，他們都曾經歷重大失敗，卻依舊能東山再起最後成功。

首先是設計師可可・香奈兒（Coco Chanel），相信全世界幾乎沒有人不知道她。如此聞名國際的超級設計師，也曾經歷過重大挫折，那是在她七十歲那年發生的事。

受到第二次世界大戰的影響，原本已從一線設計師引退的香奈兒，抱持著「設計出讓女性能夠神采飛揚、展現自我的服裝！」的想法，再度回到前線，重新開始設計師的工作。經過一年的準備期，她滿懷自信主辦了時裝秀，卻受到專業人士們的殘酷評價：「無法延續昔日榮景，只剩下充斥過時品味的過氣服裝秀。」

即便大名鼎鼎如香奈兒，受到如此嚴苛的批評，也難免喪失信心，她也自我質疑：「莫非我的時代真的結束了嗎？」但香奈兒在失意谷底轉念一想，「歐洲行不通的話，還有美國呀！」於是她將活動據點轉移到美國，結果證明這是個明智的決定。香奈兒在美國再度重返榮耀，獲得莫大的成功。

我想，在一般商業領域中，應該滿常見這種狀況。即便在目前的公司做不出成果，也得不到好評，但說不定換一家公司就能獲得認同、大放異彩。從香奈兒的故事中，我們可以學到一個道理：世界如此之大，肯定有讓你發光發熱的舞臺，這裡不行就換個地方重新挑戰，不要輕言放棄。

第二位是肯德基的創辦人，哈蘭德．大衛．桑德斯（Harland David Sanders），他創立了肯德基炸雞品牌並且開放加盟連鎖，這居然是在他六十五歲時才發生的事情。

桑德斯原本經營一間加油站，由於加油站附近沒有地方可以用餐，於是他便在加油站附設了餐廳，販賣自己特製的炸雞等餐點，進而獲得好評且開始流傳口碑：「那家加油站賣的炸雞很好吃！」生意一度非常興盛。後來隨著時代變遷，附近開始興建高速公路，加油站的使用者銳減，生意大幅下滑，最終破產倒閉。

當時桑德斯身上唯一擁有的，只有炸雞食譜。於是他想到：「不如向其他業者推銷我的炸雞，只要他們願意賣，我只要拿賣出炸雞所得的金額就好。」然後他將製作炸雞所需的相關工具都裝上車子，甚至做好晚上也睡在車上的準備，就這樣展開了全美巡迴推銷之旅。

據說他的推銷之旅，總共進行了有一千五百次之多。從一開始只有少數幾家商店願意販售他的炸雞，到後來幾乎全世界都有「肯德基炸雞」的連鎖店，成為國際知名的速食炸雞品牌。

人生不管到了幾歲都可以重新開始。想要成功，就要累積大量的努力，桑德斯的故事，讓我們學到做任何事都要全力以赴。

第三位三浦知良，是曾隸屬於日本職業足球聯盟之橫濱FC隊的足球員。他大幅刷新了至二〇二〇年九月為止的最年長出賽球員紀錄，現年五十四歲的三浦知良，實在是非常了不起的運動員。

三浦知良於一九九三年在日本J聯盟正式開始出賽，之後多年以來一直致力於日本職業足球的發展，也一直活躍在第一線，他當初在十五歲那年，可說是賭上一切、義無反顧的為了足球而赴海外留學。

當他決定從高中輟學、遠赴巴西時，曾先向當時的高中教練表達自己的想法，教練對他說：「我不會說你一〇〇％會失敗，但應該九九％不會成功。」被斷言失敗機率如此之高，但三浦知良卻回答：「也就是說，我至少還有一％的機率會成功對吧？那我就賭上這一％！」當時的他年僅十五歲，我認為他的這份膽識及理解能力，著實值得各位學習。即便是相同資訊，卻會因為不同角度、不同解讀，而產生大相逕庭的結果，人生方向也大有轉變。這就是三浦知良教給我們最重要的事。

第四位則是舉世聞名的發明王愛迪生（Edison），他也有一段有趣的小故事。愛迪生經歷過將近兩萬次的失敗，才終於發明了鎢絲燈泡。在他成功之前，據說有一天，有位記者在採訪時問愛迪生：「為什麼你一直失敗卻還不願放棄？」愛迪生說：「我從來都沒有失敗，相反的，我找出了這麼多不適合做燈泡的材料，所以我當然要繼續找下去。」

將失敗轉變成做中學，在不斷累積的過程中，抓住成功的契機。從愛迪生的故事裡，我們可以看到，必須擁有不害怕失敗的心態、持續不斷的學習、改進，才能成功。

最後一位是創造出多部經典動畫的傳奇人物華特・迪士尼（Walt Disney）。

當年，他想要打造一個不論是大人還是小孩，都能樂在其中的遊樂園，於是他帶著企劃案前往銀行，沒想到銀行根本不打算見他。畢竟堂堂一個大男人，卻說想要打造一個魔法般的王國，大多數人都不會認真看待吧。但是他並沒有因此放棄，就算一直被拒絕，他就不斷修改企劃案，據說修改了三百零二次之多！最後在第三百零三次遞出企劃案之後，終於獲得銀行首肯，得到了融資。

若是華特迪士尼在第三百零三次之前就宣告放棄的話，或許現在也不會有迪士尼樂園了。沒有被銀行拒絕融資給打倒，並且從失敗的企劃案中不停改進，最後才成功的讓迪士尼樂園完工問世。華特迪士尼用他的人生故事告訴我們，不要鑽牛角尖在自己為何做不到，而是應該要盡可能找出讓自己做得到的方法。

上述這五位成功人士的例子，每一位的故事都堪稱是人生教科書。不只是學習如何成功，更是透過這些人的經歷，讓我們明白為何失敗。當困境或考驗突然降臨時，懂的人與不懂的人之間，就會有天差地別的發展。

5 接收正能量的最好方法

若問我：「有魅力的人跟沒有魅力的人差在哪？」我肯定會說：「差在他們的自我肯定程度。」

擁有高度自我肯定感的人，會堅信自己是個有價值的人且充滿自信。這樣的人通常正面積極、樂意嘗試挑戰任何事物，很有行動力；相反的，自我肯定感低落的人，通常沒有自信，甚至認為自己一無是處、毫無價值，做什麼事都提不起勁，且習慣性負面思考。

我想大多數的人對於有魅力的人的定義，應該都傾向擁有高度自我肯定感吧。這類型的人，可以從日常對話中，他們習慣使用的語彙來分辨。

自我肯定感高的人，他們經常講到的語彙有「我可以」、「我想試試看」、

「這個不錯喔」、「很高興」等正面積極的字句；自我肯定感低的人，他們就常會說「沒辦法」、「我不行啦」、「像我這種人……」、「超不爽」等，多是消極負面的詞彙。

想要提升自我肯定感，就要讓自己每天處在充滿正面詞彙的環境中，而閱讀就是一個很適合的方式。之所以這麼說，是因為**能寫作出書的人，基本上都是高度自我肯定的人**。畢竟作者若沒有一定程度的自信，是無法完成一本書的。還有，書中通常也會充滿著許多正面積極的字句，不僅是作者自信的展現，也是為了提高讀者的認同感。因此透過閱讀，讀者的自我肯定感也會隨之提升。

若是你很幸運，身邊有許多擁有高度自我肯定感的人，那麼，你每天自然而然都會聽到正面積極的話語，生活中的氛圍也會變得正向積極。只可惜不是每一個人，運氣都這麼好。

不論身處什麼樣的環境，即便是日常生活中無法接觸到的人物，也能透過文字，來接收正面能量，進而讓自己的內心產生勇氣，心境也變得越來越正向。閱讀能讓人變得有自信、更喜歡自己，並挖掘出自己的價值，在處事上更能如己所願。

除了能提升自我肯定感之外，讀書還有另外一項好處，那就是你能感受到，自己每一天都有在成長。

書本記載了自己未曾知曉的事情，又或是闡述作者獨到的見解、思維。每當你透過閱讀，接觸新知並深入思考，如此日復一日，我相信任何人都會一點一滴的改變與成長。畢竟，普通人要持續每天成長一〇%、二〇%，實在有點困難。與其一口氣大幅成長，不如持之以恆、點滴累積更來得踏實。

大家是否有聽過「一〇一%法則」？這是三木谷浩史所提倡的一種理念。假設，有兩個人都設定了同一個目標，而面對這個目標，一個人每天都努力達成一〇一%，另一個人則每天達成九九%。兩個人每一天的達成率只差二%，看起來好像沒有差很多，但持續一年之後，達成率一〇一%的人，一・〇一的三百六十五次方等於三七・七八；達成率九九%的人，〇・九九的三百六十五次方等於〇・〇二五，也就是說，兩個人的達成率，在一年之後相差三七・七八÷〇・〇二五，等於約一千五百一十一倍（第四十五頁圖三）。

要逼自己每一天都做到達成率一五〇%很困難，但如果是一〇一%的話，應該

圖 3 101% 法則

1.01^{365}＝約37.78

每天多努力一點，積少成多。

0.99^{365}＝約0.025

以為每天只是偷懶一點，但其實離目標越來越遠。

結果兩者在一年之後的差距竟高達 1,511 倍！

任何人都可以辦到。包括剛才我提到，光是每天閱讀，就能讓你每一天都成長一%。

每一天沉浸在錦句良言的環境中，一點一滴累積，最後就會有顯著的成長。閱讀是最有效提高自我肯定感的方法。

6 讀完後，你要能說出自己的意見

在前面我也提過，鍛鍊思辨能力，是閱讀的目的之一。那麼，到底什麼是思辨能力？簡單來說，就是用來判斷人事物的基準、方式。**當你被別人問「到底是怎樣？」時，你能用自己的話清楚且確實表達**。

話說回來，思考指的又是什麼？我認為，與思考相對的，是知識與資訊。知識與資訊，都是從過去到現在、先人們的經驗及智慧所累積下來的結晶，如此經年累月，變成像是「參考素材」一般的存在。當我們要做些什麼或想些什麼時，就會需要運用這些素材。

而以這些素材為本，更深入思考之後，將其轉化成判斷的基準，就是思辨能力。若是缺乏思辨能力，你所獲得的知識與資訊便是死的，無法從中聯想或激發出任何可能，也絲毫無法發揮用處。

舉例來說，想像一下你眼前有一本關於照相機，及攝影週邊配件的型錄。型錄裡面條列著許多產品，相機機體、鏡頭、鏡頭蓋、濾鏡、三腳架……光是相機的款式型號就已經很多種了，再加上週邊配件，這可是非常龐大的資訊量。

但是，對於不具備攝影相關知識，或是對相機設備沒有涉獵的人來說，這本型錄一點價值都沒有，看了也不會有任何感覺。就算是記憶力超群、過目不忘的人看了，大概也只是單純記住商品的名字，沒有其他意義。

若是讓專業攝影人士來看這本型錄呢？「下次的攝影活動會需要用到這種特殊鏡頭，買下來吧！」、「這個濾鏡好像很方便，但是靠調節光圈好像也能達到類似效果，先不要買好了。」具備攝影相關知識的人，會自然的做出此類判斷。在接收到大量知識或資訊時，能做出屬於自己的判斷或是解讀，這種能力就是思辨能力。

現在是一個資訊爆炸的時代，儘管很多人都自稱是知識分子，卻不少人只是空有知識，缺乏思辨能力。不管獲得了多大量的知識，如果僅止於接收，那也不過如此。把別人的話語、意見，照本宣科的當成是自己的意見，恕我直言，這根本就只是複製貼上的工具人而已。

往後的時代，想要生存下去，絕對不能只依賴大量知識。假如很多東西你只是聽過名字、只有粗淺的了解，那也沒關係，因為後續可以靠網路，進一步查清楚。關鍵是，不要只著重在獲取大量知識，更重要的是學習運用你所得到的資訊，然後進一步去思考出只屬於你的東西。

這一切都是為了培養及鍛鍊思辨能力。我所提倡的讀書法也正是以此為目標，而我也一直身體力行。

7 讓部屬常看到主管（你）閱讀的樣子

常言道：「孩子都是看著父母的背影長大。」事實也的確如此。在孩子成長的過程中，父母的言行舉止，對孩子來說有著極大的影響力，畢竟孩子從小就一直跟在父母身邊，父母的一舉一動，都會成為孩子的範本。

若是父母平常就有閱讀習慣，孩子看到父母如此熱衷於讀書，很高機率在長大後，也會變成一個喜愛閱讀之人。反之，若是父母平常總是躺在沙發上看電視、滑手機，孩子當然也會模仿，長大以後八成也是差不多的樣子。

每一個人都有屬於自己的價值觀與人生觀，每一個人的狀況都不宜一概而論，但是請大家想想看，哪一種模樣會讓人覺得生活比較有品質呢？

同樣道理，在商業界也說得通。

一般來說，進入一家企業工作，累積幾年資歷之後，就會成為職場前輩，或是晉升管理職，當然也會需要提攜及帶領部屬。而對於初入社會職場的晚輩來說，職場前輩及主管，就會是想模仿與學習的指標。各位不妨想像一下，若你是職場前輩或主管，你覺得在商務職場中，最重要的事情是什麼？

我猜可能很多人會回答「與部屬建立良好的人際關係」吧。

在職場上，構築良好的人際關係確實很重要，不過，要以工作能順利進行為前提的話，我認為有比人際關係更重要的事情。

我本身也是一名經營者，一直都有把「要與部屬良好互動」這件事放在心上，也會努力盡量處事周到。但是，即便互動良好，也不代表工作就能順利，有時候還是會發生明明是主管與部屬一起共事，其中一方卻漸漸沒有表現，或是雙方不再討論、漸行漸遠。當我面臨這種狀況、深感困惑時，我讀到了前大阪府知事橋下徹的著作《執行力》，裡面說道：「主管與部屬合作，最重要的是，主管是否能做到部屬做不到的事情。」這段話有如當頭棒喝，讓我豁然清醒。

我想，任何人只要當上了主管，應該都希望自己是受到部屬尊敬與信賴、喜歡一起共事的主管吧？但對部屬來說，是否認同主管的關鍵，不在於主管的人品，也不在於主管是否親切，而是主管是否能做到部屬所辦不到的事情。唯有做到部屬能力所不及的事，主管才會受到尊敬，也才更能讓部屬願意一起共事。那要如何才能達到這種境界？最快的方法，就是**讓部屬看到主管經常在閱讀的樣子**。

或許你會質疑，「只要閱讀就好了嗎？」對，只要閱讀就好。畢竟現在這個時代，人們的閱讀量大幅下降，有閱讀習慣的人已經越來越少，正因為如此，讓部屬看到你每天都在閱讀，部屬便會對你產生「這個人有閱讀的習慣，他好用功啊」的良好印象。

大多數的人都認同閱讀很重要、應該要讀書，但往往就是提不起勁，再不然就是三分鐘熱度或半途而廢。而當多數人都是如此時，身為主管的你，包包裡總是放著一本書、三不五時有空就拿來看一下，你讀書的認真姿態，部屬肯定看在眼裡，也因此能讓部屬對你有「主管能做到我所辦不到的事情」的印象。

當然，你也不能只有做做樣子，認真的讓自己有閱讀習慣、大量涉獵各種書籍，從書中學到的知識，肯定能在很多場合派上用場。

不論是職場或私生活，一定會有很多機會，讓你展現閱讀成果。例如，當部屬陷入煩惱時，你能活用自身的知識與經驗，給予建議：「關於這個問題，我們可以試著用這個方法來解套」、「推薦你這本書，裡面的內容很有幫助」，像這樣適時的幫助部屬，就是你閱讀的成果展現。

平常就展現你的閱讀成效，部屬心裡也會漸漸有「在前輩身上學到好多啊」、「我居然沒有發現這個問題，多虧主管有注意」、「主管提出的改善方案，我來試試看」等正面想法。如此建立起來的良好互動，才是真正讓職場人際關係變融洽的關鍵。

比起偶爾拿到大案子的意氣風發、應酬時灌酒的海派霸氣，讓部屬看著你讀書的身影，才是更有效經營人際關係的方法。

高所得者的高效閱讀法

- 高所得者都有閱讀習慣。
- 閱讀可以培養洞察力。
- 你得用一句話，說明讀過的內容。
- 閱讀能夠鍛鍊思辨能力。
- 了解前人如何成功，也能學習為何失敗。
- 讓生活中的語言環境，充滿積極與正面的詞彙。
- 一本書的作者，通常會把自己的理念及主旨，寫在前言或後記。
- 維持一〇一％的努力，一年後你將會大幅成長。

第 2 章

這套方法，
讓我一個月讀完 60 本書

1 一口氣買四本同類型的書

我每天都會讀兩本書，一本書花費約三十分鐘。無論平日、假日、節慶，都是依照一本三十分鐘的步調，每天讀兩本。因此，我一週就讀了十四本，一個月約讀了六十本，一整年就讀了七百三十本，且這些書我都記得內容，在聊天時，也能順暢的向別人說明及介紹。

「為什麼能讀那麼多書？」、「真的都記得嗎？」我相信大家對我會有這樣的疑問，但這是千真萬確的事。

我有在經營 YouTube 頻道，每天我都會上傳影片，介紹我每天讀過的兩本書。若我沒有真正去閱讀這些書的話，是不可能拍成影片還持續更新。我將這些都當成是在鍛鍊自己的思辨能力。

為此我會盡可能的去大量閱讀、蒐集資訊，並深入思考。現在在看本書的讀者，想必其中有很少買書的人，或很常買書的人，但我猜各位的共同點大概都是「讀完卻不記得讀了什麼」、「我根本沒有時間閱讀」。有這種煩惱的讀者，我將從這一章開始，向各位介紹我的讀書法，這套讀書法不僅可以鍛鍊思辨能力，更能讓你的閱讀有效率且充實。

首先，讓我們從買書的方法開始吧。

買書，是讀書法中重要的第一步。正確的說，是「如何買？又該買什麼樣的書？」這對理解書的內容或記憶有關。

現在拿著這本書的人，若是你剛好就在書店，不妨看一下周遭，應該會發現書店裡陳列著大量書籍。若是位在超大型書店，庫存量超過一百萬本應該不是罕見之事。日本的大型出版通路商，日販集團經營的網站「出版流通學院」，根據該網站的統計資料，日本通路每一坪的在庫書籍量就多達五百九十萬本。由此推論，即便是位在車站商圈購物中心內某一處的某家書店，庫存書籍量超過一萬本也很正常。

要在如此龐大的書海中，找出能鍛鍊思辨能力的書籍，第一步就是買四本同類型的書。

書店會將大量書籍分門別類，市面上的書籍種類可說是包山包海，多到不勝枚舉。那我們到底要選擇什麼類型的書才好？

我會以促進自我成長的類型為優先，推薦下列九種類型的書：

1. 商業、財經。
2. 心靈成長、潛能啟發。
3. 表達能力（寫作能力、談話技巧）。
4. 人際關係（主管、部屬、領導才能）。
5. 會計、稅務（記帳、財務報表、計算）。
6. 時間管理、效率化。
7. 學習法、讀書法。
8. 飲食、養生、睡眠、運動、健康管理。
9. 家庭、戀愛、育兒。

與自我成長、日常生活相關的題材，最能直接影響工作成果及職場表現，也是相較之下，最簡單就可以執行的手段，只要照著書裡教的方式去做，任何人都可以做到。這些類型的書，運用範圍最廣泛。

從這九種類型當中，想想自己目前遇到的課題、煩惱，與哪一種類型最相關？或是哪一種類對你的將來會有幫助？可以讓你學習參考？選出符合需求的類型之後，再從這個類型中，選出四本你感興趣的書，買回去讀。

先把個人喜好放一邊，我建議最好不要不同類型、跨領域混著買。萬一你真的忍不住，買了不同類型的其他書，也千萬不要一下讀這本、一下讀那本。把非同類型的書先收進書架，我們要先從同類型的四本書開始讀起。

為什麼一定要從同類型的書開始讀？而且還要一次四本？因為有兩項好處：

1. 同步獲取同類型的資訊，可以加深記憶

「你還記得昨天晚餐吃了什麼嗎？」相信大家應該都被問過，但意外的是，很多人都想不起來自己昨天晚上吃了什麼。別說昨天的晚餐，前天的晚餐，甚至是大

前天的晚餐，除非是有發生什麼特別的事情，不然大多數人一般都想不起來。

人類是一種記憶會隨著時間漸漸消失的生物。

大家是否聽說過，德國心理學家赫爾曼・艾賓浩斯（Hermann Ebbinghaus）所提出的「艾賓浩斯記憶遺忘曲線」？（第六十一頁圖四）根據曲線圖，我們可以發現，當**人的大腦記住了一件事情，在二十分鐘後會忘記四二%，六十分鐘後會忘記五四%，一天後會忘記七四%，七天後會忘記七九%**。

照這樣看來，會忘記昨天的晚餐好像也不奇怪，記不得讀過的書的內容似乎也不意外。但是，人類也並非就是每天記住新事物、然後遺忘、記住、遺忘，其實我們都還是能好好保有記憶。

人類的記憶可以分成短期記憶與長期記憶。當我們在閱讀，或在與他人對話時，大腦會將接收到的資訊分類。不太重要的訊息，會被歸類到短期記憶區，很重要的則會歸類至長期記憶區。

大腦中名為海馬迴的區塊，是負責下此判斷的器官，而其判斷的基準之一，就是是否有重複接收到的資訊。簡單的說，當我們一直閱讀同類型的書籍、重複接收相似的資訊，海馬迴就會判斷「這個訊息很重要」，並將這些內容歸類到長期記憶區。

持續閱讀同類型的書籍，是為了要讓內容常駐在大腦的長期記憶區。若是你先讀了業務開發的書，下一本讀潛能成長，再接著讀人際關係、心理學……像這樣跳類型閱讀，坦白說不是一個好的閱讀方式。比較理想的方式是，先讀業務開發的書，接著還是讀業務開發的書，再繼續看同類型的書，如此才能減緩遺忘的速度。

圖 4 艾賓浩斯記憶遺忘曲線

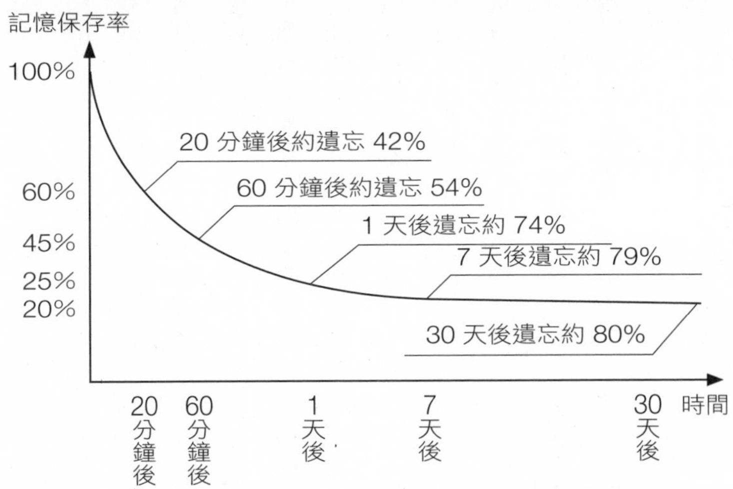

出處：《關於記憶——赫爾曼．艾賓浩斯對於實驗心理學的貢獻》。

讀完一本書之後就停下來休息，或是改讀其他不同類型的書籍，過了一天就會忘記約七四%的內容，但藉著持續看同類型的書籍，就可以一直填補遺忘的部分，如此就形成長期記憶，這正是一次購買四本同類型的書並持續閱讀的好處。

或許你會想「既然如此，那我同一本書讀四次不就好了？」但這招對海馬迴沒用。海馬迴對於完全相同無變化的資訊，就算重複接收，也不會分類到長期記憶。即便是**相同類型的資訊，也必須換個形式，海馬迴才會判斷是值得記住的內容**。由此可見，相同類型的書籍也必須多買幾本，持續閱讀新書才是重點。

為什麼是一次四本，而不是十本？當然，若是你願意，一次買十本也沒問題。我自己就會一次買十本甚至二十本，但對於尚未建立起閱讀習慣的人來說，一次買十本書且一定要讀完，難度怕是太高，而且有可能會越來越不想讀書。

剛起步的時候，一個月四本書，輕鬆一點慢慢讀也沒關係，重要的是持續下去、養成習慣，之後再慢慢增加書籍量，腳踏實地才是最有效的方式。這就是我推薦一次買四本書的理由。

不需要一開始就逼死自己，在力所能及的範圍內開始閱讀，就已經很棒了。

2. 看懂不同觀點

會寫書的人，基本上也是在某個領域有傑出表現、優秀能力的人。我們很容易認為，「既然書裡都這樣寫了，那應該就是這樣吧」，但其實我們不應該盡信書。請務必注意，不管作者是如何偉大的權威人士，他寫在書裡的內容或論點，依然有可能偏頗，不一定客觀正確。

當有人提出一個與眾不同的非主流意見，且因此受到矚目時，這種行為常會被說成是唱反調。這種與眾不同的意見會因為新鮮感，故能快速引起他人的注意力與好奇。當讀者發現書裡出現與眾不同的論點時，就要保持警覺，因為很有可能那些內容只適用於作者本身，並不符合普羅大眾常態。

這也可以說是一種閱讀陷阱。最有效的預防方法，就是一次買四本同樣類型的書。當你大量閱讀同類型的書以後，你就可以判斷哪些論點是每一本書都有提及；哪些論點只出現在某一位作者的書中，那就有可能僅是該作者的個人意見。

各位是否有過這種經驗，讀著讀著突然覺得，「這段話好眼熟，好像在哪裡看過？」（有時候可能是同一本書在不同場合中，不自覺讀了兩次）。會有這種感覺，就代表那段話的內容，在其領域裡就是通則；反之，若讓你覺得「這種說法我好像從來沒聽過」，那段內容極有可能只是那位作者的個人意見，即便是成功經驗談，也只適用於那位作者本身而已。

舉例來說，當你在看關於業務拓展的書時，第一本書上寫「業務拓展，九成靠事前準備，這很重要」，然後第二本也是同類型的書，上面也寫著「事前準備非常重要」；讀第三本，也是差不多的內容。但讀到第四本時，上面卻寫「比起事前準備，實際上場才是最重要的關鍵。別想太多，直接上就對了，千萬別浪費時間做事前準備」，身為讀者的你會怎麼想？這裡希望大家思考看看，為什麼大多數的書都寫準備很重要。

前面提過，基本上作者能出書，多半都擁有實際成績或成就。到底哪一種業務模式比較符合一般大眾？是重視事前準備，還是直接上場？答案是重視事前準備。因為它最符合常態，也最多人靠此方法成功，所以才會有許多作者都在書裡提到。像這樣找出共同點，與鍛鍊思辨能力息息相關，我認為也是閱讀的樂趣之一。

當接觸的量越來越多，你很有可能會碰到更多觀點不同的書。我建議可以進一步去思考，為什麼這些作者會提出這樣的觀點？這些觀點適合自己嗎？對自己來說是正確且有益的嗎？多思考才能鍛鍊思辨能力，有益無害。

接下來我想介紹三個選書的重點：

1. 買暢銷書或書店推薦主打的書

實體書店或網路書店都沒關係，當你陷入選書困難時，買書店推薦主打的書，或是暢銷排行榜上的書就對了。暢銷書就代表，這本是最多人感興趣且能接受的書，通常多是主題平易近人、好理解好閱讀的書。

2. 憑直覺選書

這招僅限在實體書店。在書店看到某本書時，腦中直覺浮現「這本我有點興趣！」別猶豫，趕快拿起來，然後快速瀏覽一下，大約有二〇％的內容讓你感興趣的話，就買下它。這邊提到的二〇％這個數字，與我後面章節要介紹的「斷捨離式閱讀」有關，這也是我日常實踐的讀書法之一。在那之前，我們要先選出適合自己閱讀的書籍，如此才能有效率的吸收內容。

3. 透過閱讀以外的管道，去接觸世界名著

能在世界上流傳好幾十年、好幾百年，堪稱經典的名著，毋庸置疑，都是非常傑出又優秀的作品，說是人類智慧的心血結晶都不為過。但是，經典名著的文字量都非常龐大，內容也有點艱澀、讀來不易。坦白說，並不適合推薦給想要輕鬆閱讀的讀者群。儘管世界名著的內容非常優秀，但我相信也有人看個幾眼之後就放到一邊，讀不下去了吧。

在我經營的 YouTube 頻道中，也有上傳關於世界名著的介紹影片，除此之外，說明欄中也有附上相關網址等參考資料。若是閱讀經典名著讓你很吃力的話，不妨試試先從影片開始。

閱讀從來就不只限單一形式，尤其在這個多元的時代，非常推薦各位透過各式

各樣的管道，接觸書本作品。例如最近新聞話題提到的新書、或是某些讓你覺得「要讀過比較好，但是感覺內容好難」的書，真心建議不要太快放棄，試試看用不一樣的方式來接觸吧。

2 只要理解二〇%的內容就夠了

當我們終於買到自己感興趣的書，接下來就是要實際去翻開它。

前面我有提到，**我一直都以一天兩本、一週十四本、一個月六十本的步調在持續閱讀**。非常多人聽到以後，都會說：「金川先生您會速讀對吧。」我的閱讀速度是比一般人稍微快一些，但絕不是速讀。而我能理解並牢記書籍內容，也絕不是因為我有什麼超乎常人的記憶力。

既不是速讀、也沒有超強的記憶力，但我還是能藉由快速閱讀與理解來加深記憶，以及鍛鍊思辨能力，你或許會覺得不可能，但我確實靠著四個步驟構成的讀書法，實踐了最有效率的閱讀。

雖說是四個步驟，但不是從第一頁讀到最後一頁的讀書法。我的讀書法是，將一本書利用四個步驟（或者說是四種不同的方式），分四次閱讀。每一種方式都代表不同的階段、目的，閱讀方法也不一樣。貫徹這四種閱讀方式，就可以有效率的提升對書本的理解。

再接下來的章節中，我將會針對每一個步驟，仔細說明與介紹。

四個步驟的閱讀方式如下：

1. 讀前預測：從封面、書腰、作者介紹等來預測書本內容。

2. 斷捨離式閱讀：先快速瀏覽整本書，將感興趣的部分、讓你多看了兩眼的部分先標記起來。在這個階段，先不需要認真看內容。

3. 記者式提問閱讀法：認真閱讀你在斷捨離式閱讀中標記起來的部分就好。在這個階段，要一邊閱讀一邊深入思考，為什麼作者會提出這樣的觀點？為什麼作者會寫出這樣的內容？

4. 歸納式閱讀：一邊想著之後要將內容說給其他人聽，一邊統整作者想要傳達的主旨，融會貫通，徹底掌握。

我一直都是依循這四個步驟來讀書並歸納，再將內容融會貫通後製成影片，上傳到我的 YouTube 頻道做進一步的介紹及推廣。

我這套讀書法的最終目標，就在於輸出（將內容及心得說給別人聽），這部分會在本書第四章再仔細談論。首先，我希望你能將這四個步驟放在心上，開始運用這套讀書法來閱讀。

四個步驟為一組，我執行一組大約需要三十分鐘，照這個步調，我一天可以讀兩本書。更準確的說，步驟一尚未開始讀書，實際打開書本閱讀，是在步驟二，而從步驟二到步驟四，大約要花三十分鐘。

或許有讀者已經注意到，這套讀書法，並不是讓各位只花三十分鐘，就能從第一頁讀到最後一頁的速讀，而是花三十分鐘，將一本書讀四次，並且是能加深自我思考能力的方法。

為什麼不需要讀完每一頁？因為**只要閱讀並理解一本書二〇%的內容，就可以掌握其餘的八〇%**。方才在介紹選書方法的時候，也出現過二〇%這個數字，為什麼是二〇%？

大家是否有聽過「柏拉圖法則」？柏拉圖法則其實就是二八法則。例如，公司旗下兩成產品的銷量，占了整體營業額的八成；兩成員工創造的業績，占了公司整體業績的八成。八〇％的收穫，來自於二〇％的付出，這就是柏拉圖法則。

我認為閱讀也適用這套法則。作者透過作品想要傳達的主旨，大多數都可以用一句話總結。讀者只要掌握主旨，並從中選擇對自己有用的部分來讀，如此大約就占了一本書的二〇％。這是我依據自己多年來的經驗，所推導出的事實，只要閱讀一本書的二〇％，就可以理解整本書的八〇％。

步驟二的斷捨離式閱讀，則是在一本書當中，選出自己需要閱讀的部分及不讀的部分；到了步驟三的記者式提問閱讀法，這階段就是強化自我思考的關鍵。好好針對在步驟二標記起來感興趣、想深入了解的部分去閱讀及反思，這個階段也可以說是在與書本對話。深入閱讀之後，一定會有你認同和不認同的地方。將你所不認同的觀點，或是疑惑、有所質疑的論點都筆記起來，這些就是你自我思考的紀錄。

然而步驟二標記的內容，其實不需要全部都延續到步驟三。當你在步驟二及步驟三之間不停翻閱與反思，途中覺得「這段不讀也沒關係」的話，就可以暫時跳過，因為這表示那一段的內容，對目前的你來說沒那麼重要。

步驟一至步驟三，都是在輸入，而步驟四則是為了輸出而做的準備工作。步驟四的重點就在於，將書本內容用淺顯易懂的方式傳達給他人，因此，如何統整歸納整體內容，就是你的思考重點。

我這套讀書法的最終目的就是輸出。你或許會想問，閱讀是自己一個人的事情，為什麼輸出卻是最終目標？我認為，有完美的輸入，才有完美的輸出。當你意識到必須將你得到的東西，傳達給他人時，你才會更有效率的鍛鍊思辨能力。

我面對每一本書都是用這套讀書法，徹底實踐步驟一至步驟四。如此不僅達成了閱讀的目的，也確實鍛鍊了思辨能力。

3 重點不是讀完，而是你吸收了多少

相信從前面的章節一路讀過來的讀者應該都有發現，我的閱讀方式，基本上就是只讀自己覺得有必要的部分。或許有人會反對，「這種讀法太亂來了，根本邪魔歪道。不把書讀完，怎麼能理解作者到底想表達什麼？」

我完全可以理解這種意見。畢竟**我自己至今也出版了三十九本書**，身為作者，我寫的每一本書，都是我全神貫注的心血結晶，我也會希望讀者可以不負我的付出，把整本書讀完。但是每個人的時間有限。對每本自己想讀的書，都要從第一頁開始，就算是普通的上班族也會覺得吃力吧。更令人挫折的是，就算好不容易擠出時間，從頭到尾看完了，卻發現自己幾乎記不了多少內容。若說閱讀的目的是為了鍛鍊思辨能力，但如此沒效率的閱讀法，真的有效嗎？

相信大家應該都有這樣的經驗：一開始覺得讀到一本有趣的書，但過了幾天，卻怎麼也想不起來寫了什麼。「我把這本書從頭到尾都讀完了。但我不記不得作者到底想要表達什麼，更別說給別人聽了。」與其變成這種窘境，不如使用我的讀書法，「我是沒有整本讀完啦，只讀了二〇％。不過關於這個問題，作者是這樣寫的，我覺得滿受用。但是其他部分，例如這裡其實我有疑問，因為……。」像這樣，不只自己理解書的內容，在與他人聊天時也能侃侃而談。

那麼，我們該怎麼從一本書當中，挑選出有必要閱讀的部分？這裡我推薦「２Ｗ１Ｈ」原則。大家應該有聽過「５Ｗ１Ｈ」吧？也就是Who（何人）、When（何時）、Where（何地）、What（何事）、Why（為何）、How（如何），這六點也是寫文章時必備的六項重要元素。

對於上班族及商務人士來說，這些關於文書作業的基本原則，應該都很熟悉。但是，我的讀書法只需要２Ｗ１Ｈ：What（何事）、Why（為何）、How（如何）這三項。看書只要常記這三項要點，就可以很快釐清作者的想法、找到盲點或問題，甚至可以很快發現解決方法。

你不需要整本書都依照2W1H要點檢查一遍，只需要檢查你要讀的部分即可。想要掌握好2W1H，首先要從前言、後記，然後將章節目錄整個瀏覽一遍。

我以已出版的書籍來舉例，《有些事你不知道，永遠別想往上爬！》（日文書名：自分の小さな「箱」から脱出する方法）這本書的構造非常容易理解，將章節目錄瀏覽過一遍之後，很快就能掌握2W1H。

首先，日文書名的「小箱子」（小さな箱）指的是什麼？也就是我們要先確認What。將2W1H放在心上，開始瀏覽章節目錄。

看到第一章的章節名稱寫著「『自我欺騙』與『框框』的概念」。看來所謂的箱子，指的是隱藏真實的自我、創造自欺欺人的假象之類的意思。

接下來我們看到第二章，「我們是如何掉進框框內」，這個就是Why。What先帶出問題，然後說明為什麼會發生這種問題。稍微翻一下第二章的內容，就能看到「越是躲進箱子裡，越是對真實自我的背叛」，這也就是連結第一章提到的「自欺欺人」的內容。再看第三章，「如何跳出框框」，這個就是How了。

透過確認2W1H的步驟，我們可以大致掌握這本書的主旨：如何才能脫離自欺欺人的狀態，並以自己真實的姿態活下去。

這種預測方式，一般來說不會有太大的落差，更準確的說，章節目錄的標題，就是歸納統整章節內容，使我們更容易理解。像這樣掌握2W1H要點，以此為基礎，我們就可以更有效率的篩選出自己有興趣、有必要閱讀的段落。

想要弄清何謂自欺欺人的讀者，就會將注意力放在What；而想要窮究為何人類會有那樣行為的讀者，則集中閱讀Why的部分。另外，我自己認為，「如何才能從自欺欺人的痛苦中逃出來」（How）應該是最多讀者感興趣的部分。

好好讀完一本書很重要，我也完全沒有要否定這份用心，但是，**比起讀完整本書卻不記得內容、沒有收穫，篩選出對自己最重要的段落並閱讀、吸收，才是有意義的閱讀方式**。

以上就是我的讀書法重點，接著我會再舉更多實際閱讀的心得範例，針對四個步驟來做進一步說明。

4 先從書封、書名預測內容

步驟一讀前預測，這個階段算是讀前準備。具體來說，就是根據封面、書腰、作者介紹等，來預測書裡面大概會是什麼內容。

或許你會質疑有這個必要嗎？請你試想一下，你會在茫然未知的情況下，漫無目的的開車嗎？再想像一下，當我們要去旅行時，行前應該都會搜尋有哪些觀光景點、有什麼名產、美食之類的情報吧。當然，我不能否認有些人是屬於事前不計畫、走一步算一步的類型，但這畢竟是少數，大多數的人應該都還是會盡可能蒐集到最多的情報，以確保旅途愉快。因此事前準備，就是一件非常重要的事，閱讀也是同樣道理。

當你拿起一本書，第一步就先預測看看，書裡會寫些什麼內容。預測完後再翻閱，這能幫助你更容易理解內容。

來舉個簡單的例子。

大家應該或多或少，都有在網路上看過專欄文章。在看網路專欄時，應該都會先看標題是什麼，同時一邊想像內容。若是標題有引起你的興趣，或剛好是你關心的議題，接下來你應該會去看作者是誰，甚至還會查看作者簡介。

正因為有充分的事前資訊，所以在閱讀專欄文章時，會覺得很安心，進而讓你的閱讀暢行無阻。反之，若沒有先看文章標題，也不知道作者是誰，沒頭沒腦的就直接看文章，只會越看越困惑。

不妨挑一篇專欄文章來試試看，先把文章印出來，然後用麥克筆將標題及作者都塗黑遮住，在不知道篇名及作者的情況下閱讀。我相信讀到最後，你會恍然大悟的說：「原來這篇文章是在說這個啊！」但是在讀到一半時，你應該會先感到困惑與不安，「這篇文章到底要說什麼啊？」

這個道理跟國文考試很相近。考試都會有閱讀測驗，後面一定會附上文章出處及作者資訊，但通常考生都直接看考題作答。若有先去看文章出處及作者資訊，會比較快掌握考題的核心，而非一邊看考題一邊疑惑「這作者是誰啊？這文章到底在講什麼？」

考生為了解題，必須花時間思考文章主旨是什麼，但上班族、商業人士閱讀目的，應該是獲取知識及資訊，然後強化思考與思辨能力，絕不只是為了測試文字理解能力。

所以，在開始閱讀前的第一步，我們要預測手上這本書會寫些什麼內容，這是為了讓自己能更順利快速的了解作者寫的內容，就算預測失準也沒關係。即便內容跟你的預測有出入，你在讀的時候，想法也會隨著內容慢慢改變，「我以為是那樣，結果作者想要表達的是這樣，我猜錯了。原來還有這種觀點。」這樣的改變，就是你閱讀的收穫。所以，預測正確與否，真的不重要。

誠心建議，在讀書前，先預測看看會寫些什麼內容，這個動作絕對可以幫助你在正式閱讀時，更有效率的理解書中內容。

接下來，讓我再多舉幾個例子來說明此方法。

我自己在讀前預測時，會從書名、封面、書腰的文字，分別採取三種方式來預判。看到書名的當下，先拆解，再根據書名來聯想，若實在搞不懂書名要表達什麼，最後就會去搜尋。以上三種方式就是我的預測法。

現在就用《寫給初學者的三千日圓投資生活》這本書來舉例。首先，將書名的「三千日圓」及「投資生活」拆解出來當成關鍵字。

基本上，三千日圓投資生活，並不是一個專有名詞或慣用語，我想大家在看到書名時，應該會下意識將書名拆解成這兩個關鍵字。從這兩個關鍵字中，我們也不難推測，本書要說的內容，可能是「說明有哪些是只要三千日圓就可以進行的投資，而非靠三千日圓的投資來謀生」。

接下來看日文版書腰，書腰上寫著「每個月三千日圓，『存錢即投資』，就是橫山式超簡單投資法」。讓我們來深入思考一下這句話。每個月三千日圓，感覺應該是累積型投資吧。強調「存錢即投資」，應該就不會是比特幣那種加密貨幣，或是外匯投資。

接下來看看讀者推薦，「我成功存到兒子上大學前的教育費七百萬日幣了！（兼職主婦）」。一般來說，如果不是有穩定薪資的上班族，想要透過融資來投資不動產是很困難的事。因此我們可以預測，這本書也不太可能會是推薦不動產投資的類型。繼續會看到其他人的實踐心得：「十年就存下兩千萬日圓！」我就會猜想，這可能是需要長時間穩紮穩打的投資類型。

將書本翻過來，書腰背面寫著，「三千日圓投資生活，就只要買一個投資信託即可」，這幾乎可以斷定，本書要講的主要投資類型，應該是信託基金那類。接著下一句寫「將指數型基金分散投資就能成功」，我大概可以想像所謂的分散，指的是投資組合，但我注意到「只要買一個投資信託即可」這句話。

「只要買一個投資信託」，應該是指全球型的投資信託標的，所以我猜書裡八成會出現「全球債券組合」、「投資信託基金」等字眼。書腰背面的第三行寫到，「不希望本金減少，國債必買」，至此我完全可以推測，這本書的主要內容，就是以「低風險、低收益」為目標的投資手法解說。

我本身擁有國家會計師的資格，具備投資的相關知識背景。因此，從封面、書腰等介紹文字到做出預測結論，其實只花了我一分多鐘。但我必須說，儘管我如此有信心的做出讀前預測，但還是要讀過才知道，內容是否真的如我所想。

讀前預測的出發點，是為了讓各位的心裡先有一個方向，就算預測失誤，也不需要太在意。

接下來，是聯想預測法的實際範例，我選的書是《當ＡＩ機器人考上名校》（日文書名：ＡＩ vs. 不會讀教科書的孩子們）。

將書名拆解成「ＡＩ」與「不會讀教科書的孩子們」，好像也看不出有什麼涵義。這種時候，我就會使用聯想預測法。

首先，看到 vs. 的兩端是ＡＩ與孩子們，就可以猜想，這應該是指某種形式的對立，似乎還強調現在的孩子連教科書都不會讀。我大膽預測這本書可能是想論述，「為何ＡＩ都能讀教科書了，現在的孩子們卻讀不了？」這類的內容。

再看看日文版書腰，正面寫著「缺乏解讀力的人，將會失去工作！」背面則是「所有日本人都應該要讀的一本書」、「我家讀國中的兒子符合超多點，嚇得我背脊發寒」、「不早一刻改變現行的教育，日本會沒有未來」等聳動文字。

綜合以上資訊，我預估這本書大概會有以下內容：

- 根據書名的「不會讀教科書的孩子們」，以及書腰上的「所有日本人都應該讀的一本書」、「缺乏讀解力的人類，將會失去工作！」等文字來聯想，即便是上班族，若是缺乏解讀力，未來還是有可能被淘汰。
- 不會讀教科書（缺乏解讀力）的孩子，將來長大也找不到工作。
- 為了避免演變成這種情勢，大人們必須更嚴肅面對孩子們的教育問題。
- 從小孩到老年人，所有人都應該要對這件事抱有危機意識。

將聯想的結果條列出來，也許不會百發百中，但有猜中的部分，將會隨著閱讀而強化記憶，最後深刻的留在腦中。

讀前預測的第三種預測法，就是搜尋預測法。這招專門用來應付當你看不懂書名，也完全不認識作者時。

以《真確》（日文書名：*FACT FULNESS*）這本書為例，乍看書名也看不懂是什麼意思，作者群的名字我看了也只覺得陌生。於是我用網路搜尋日文書名，其中一項解釋是，「用更正確且基於事實的角度來看待世界的現狀」，同時也找到作者是來自瑞典的醫師，醫師可說是最重視數據資料的職業之一。至此，我可以預測這本書的重點之一，應該是重視資料的正確性。

配合日文書名的封面文案，「跳脫十個既定思維，養成基於正確數據來觀察世界的習慣」；書腰文案則是「環境、貧困、人口、能源、醫療、教育，學校不會教的東西，讓世界來教你」。

根據上述種種，我差不多可以預測，「或許我們對於世界上的貧困、人口、教育問題等認知很有可能是錯的，真相到底是什麼？」這本書或許就是在說明，要如何才能擁有正確的認知與世界觀。

這本書對我來說，除了書名以外，都提供了清楚易懂的情報，因此很容易推測。但其中不妨有些書，你只知道書名和作者，這種時候，建議可以調查一下作者的來歷。

作者是哪一個領域的專家？還是作者是站在評論家的立場寫書？假設作者是某個領域的專家，那麼他是大學教授嗎？還是專業機構的專業人士呢？是否擁有某些實務經驗或成就？根據每位作者的不同背景，寫出來的內容也會大相逕庭。

以上就是我的讀前預測法的介紹說明。在這個階段，你必須將重點擺在「我是為了什麼才要讀這本書？」、「我想藉由讀這本書得到什麼？」、「讀完這本書我會有什麼樣的收穫？」這些意識能幫助你深入理解你所看的書。

5 為了工作而讀的書，不需要百分百透澈

完成讀前預測後，終於要進入內文的階段。與其說是開始閱讀，不如說是開始篩選。

前面我有提到柏拉圖法則，依照這個法則，全神貫注去閱讀一本書的二〇％內容，徹底鑽研、思考，藉著熟讀二〇％的內容，就能掌握整體的八〇％，這就是斷捨離式閱讀。

一直以來都認為要把整本書讀完的人，應該無法理解我提倡斷捨離式閱讀的用意。事實上，我靠著這套閱讀法，讀了大量的書籍，也實際感受到自己的吸收與成長。

接下來讓我好好介紹這套斷捨離式閱讀。

打開書本後，先看前言，為什麼？因為作者通常會把自己想探討的問題或觀點，直接破題寫在其中。在閱讀前言時，請務必注意「但是」、「其實」這兩個關鍵字。當出現這兩個關鍵字時，接在後面的內容，才是作者真正想要講的主旨。

讀完前言後，接著看後記，大多數的作者都會把自己的主張或論點，再度整合歸納。也就是說，在正式開始閱讀內文之前，就已經掌握結論。如果是小說，這種先破梗的閱讀方式，會讓閱讀樂趣大打折扣。不過，為了工作或學習而讀書，就完全不用擔心這點，提前掌握作者的結論，反而能幫助你加深理解。

像這樣先閱讀前言及後記，理解作者想要探討的問題或論點之後，接著再來看章節目錄。為了篩選出我們要閱讀的段落，一邊瀏覽各章節內容，一邊標記你感興趣的部分。我會標記起來的，大多是沒看過的單字名詞、具體數字和人名。通常看到內文有包含這三項的段落，我就會折起書頁一角當做標記。

另外，在瀏覽的時候，若是發現這段內容都是你早就知道的事，或是內容跟你設定的閱讀目標好像無關，就可以乾脆跳過不讀。

整本瀏覽完畢後，只針對有做標記的部分認真去讀。完成這一項步驟，其實你已經看完這本書了。

我用《為什麼你的工作做不完？》來當範例，實際說明我是如何執行斷捨離式閱讀。

首先來看前言。作者中島聰是將電腦滑鼠的雙擊和拖曳功能普及至全世界，同時也是右鍵功能的催生者。能將原本不存在的概念使之成形，甚至推廣至世界各地，這位作者堪稱是天才。然而他卻在前言說：「看到《為什麼你的工作做不完？》這本書，或許有些人會覺得，『好像是不同世界的話題，與我無關』。但是，這種改變世界的發明，只要懂得掌控時間，任何人都能辦到。」從這段文字來推測，即便是普通人，若是能善用時間分配與管理，或許也能有接近天才般的活躍表現。這本書或許就是要闡述這方面的時間管理法。

接著看標題。第一章的標題是「為什麼你的工作做不完」。這章大概是在探討，為何多數人總是無法提前完成工作；第二章的標題是「掌握時間，才能掌握全世界」。這句對我來說有點抽象；第三章標題「贏在起跑點（rocket start），時間術」，出現我沒看過的新名詞了，這種的我就會標記起來，之後再好好閱讀；第四章的標題是「馬上實踐『贏在起跑點』時間術」。至此，我推測第三章及第四章的內容，對一般讀者來說是有益、值得閱讀的章節；第五章標題，「將贏在起跑點時間術化為己用」，我想，若是徹底理解並掌握第三章及第四章，第五章相對來說，可能就不是必讀內容。

如此推論下來，第三章、第四章會需要比較專注去深入閱讀，若是很想知道能快速做完工作的人，與做不完的人之間有何差異的話，再大致瀏覽第一章應該就可以了。

篩選至此，接下來我們終於要正式翻看本文了。

先從第一章開始。大致瀏覽第一章內容，有一句話吸引了我的目光：「奮力起跑的美國人，最後衝刺的日本人。」

書裡寫到，日本人是最後奮力一博的類型。這麼說來，功課總是拖到最後一刻才開始寫、截止期限逼近了才急忙趕工……稍微想像後，就能理解，而美國人則是一開始就全力衝刺的類型。再說到使用時間的方式，日本人從早上九點、十點就開始工作，一直到深夜；美國人則是早起早開工、早點結束工作，「莫非這就是贏在起跑點時間術嗎？」我忍不住這麼想，不禁越讀越有興趣。

繼續看下去，看到「工作做不完的主要原因」這段。書中將工作做不完的原因歸納成三項：不假思索接下工作、最後一刻才全力衝刺、沒有擬定工作排程。看來這段內容也很值得閱讀。順便也看一下第二章，第一節的名稱就是「這項工作，來得及嗎？」同時也再重述了第一章歸納的三項原因。預防萬一，我會標記起來，之後再好好讀一下。

下一步，我開始搜索讓我感興趣的關鍵字：贏在起跑點時間術。在看第三章與第四章的標題時，我的目光不斷在尋找關鍵字。於是我在第四章看到「最後衝刺，是萬惡根源」這個章節名，也呼應了第一章的內容。「這就是在說日本人」、「原來這就是日本人工作總是做不完的原因」，我越讀越有共鳴。

那麼，該怎麼解決這個問題？繼續往下看，讀到「瞬間加速，贏在起跑點」，當中提到，「工作之所以做不完，有九成出在最後衝刺。」讀到這裡，我心裡想著：「出現關鍵字了，果然起跑點很重要，這段不讀不行。」像這樣一邊瀏覽，一邊挑出自己感興趣、必讀的段落，然後慢慢捨去其他的部分，就算直接跳過不讀的部分也沒關係。

這就是斷捨離式閱讀。或許有完美主義人士會認為要讀完整本、整套學起來，但是請想想先前提到的柏拉圖法則，企業八〇%的營業額，來自旗下商品項目的二〇%；二〇%的員工，創造公司八〇%的利潤。只要掌握二〇%，就能掌握整體的八〇%。

閱讀也是一樣的道理。**為了工作而閱讀，不需要讀到百分百透澈**，比起花時間煩惱要讀什麼，知道捨去才是重點。就算捨去八〇%，但好好掌握二〇%，就能讓自己獲得八十分，這樣一想，就能放心大膽執行斷捨離式閱讀。

6 記者式提問法，大幅提升理解力

記者式提問閱讀法，這個階段在我的閱讀法中，算是已經要相當程度熟讀書本內容，並對其做出反思、辯論。這個過程也是讓自己深入思考書本內容。

一般大約兩百多頁的書籍，經過斷捨離式閱讀後，會剩下約四十幾頁的內容，在記者式提問閱讀法階段，我們則將針對這部分內容持續深入。有些段落初次看時覺得有興趣，但是深入閱讀後卻突然覺得好像不用讀，此時就直接跳過去，人一天的時間有限，要將寶貴的時間灌注在確定要讀的部分，才有效率。

記住，在此階段，我們只需要專注閱讀並且讀懂、吸收精選出來的部分，再反覆提出質問與疑問來自我思辨。當然，你所提出的問題，書不可能直接告訴你答案，必須靠你自己思考，去找出你能服氣的點、疑惑的點、不明白的地方，一個一個抽絲剝繭。

可能有人會問：「質問與疑問哪裡不一樣？」對我來說，質問是針對作者的價值觀、意見有反應或不明瞭而詢問；疑問是與作者的意見相左，或是對內容起疑而追問。

讀者想要更進一步了解作者透過文字所表達的東西，因而產生了「雖然作者在書裡這麼說，但我還是有不明白的地方，好想更深入探討啊」的想法，我認為這是質問；在讀過作者的文字之後，讀者有「這作者在寫什麼東西啊？他根本不懂吧，事實根本不是這樣啊！」這種想法的話，則是疑問。記者式提問閱讀法，就是針對內容不停重複提出質問與疑問。

為什麼要用這種方式？相較作者寫在書裡的內容，透過大腦思考所得出的東西，才更為重要。作者所寫的東西不一定百分之百正確，若是囫圇吞棗、全盤接受書裡的所有內容，並不是正確的閱讀方式與態度。

在所謂「愛書家」的族群中，也有些人覺得讀完一本書、長了知識，感到很滿足，但我還是認為這並不是正確的閱讀態度。把書本替換成朋友來試想看看，各位面對朋友時，會無條件全盤接受朋友說的話嗎？就算朋友說了誇大不實、與你相反，甚至你根本無法贊同的言論，你聽了以後，真的都能笑嘻嘻的全接受嗎？

正常來講不太可能。覺得朋友說的話很怪，你會反駁；不認同朋友的論點，你會想提出自己的意見來討論。雖然會有情感上的顧慮，但在雙方討論的過程中，應該會逐漸加深對彼此的理解。

面對書也是一樣，不要想著是在讀書，而是要當成自己在透過書本，與作者對話。有些作者是該領域的權威或專業人士，而你只要透過書本，就可以與這些人精神交流，最棒的是，不管對方的地位多高或名氣多大，你都不用有所顧慮，覺得奇怪的地方就直說，看不懂就說看不懂，完全不用擔心會被指責。

話雖如此，我想還是有很多人不清楚，自己該站在什麼樣的角度、要如何才能與書本辯論，對此我想出了七個問題。為了幫助讀者能夠與書本辯論無礙，在使用記者式提問閱讀法時，請想像自己是記者，一邊留意七個問題，一邊閱讀、提問。

1. 提出了什麼樣的問題／觀點？

2. 針對提出的問題／觀點，有什麼解決方案？

這兩個問題，基本上在書裡都能找到答案。以第一章提到的《絕對做得到的持續術》為例，對應第一個質問的部分就是，「意志堅強與否，和你無法持之以恆，一點關係也沒有」；對應第二個質問的回答則是，「化為具體行動」、「給自己讚美與獎勵」、「設定較易達成的低門檻目標」等內容。

若你能認同你在書裡找到的答案，這就會成為你的學習獲益；反之，若無法認同，那就提出疑問並深入思考，這也是鍛鍊思辨能力的方式之一。

重點並不在於是否有找到正確答案，而在於你有意識到問題並提出，進而在閱讀的同時，於腦中思索解決方案。即便作者在書中提出解答，你仍應該去思考，「那是最佳答案嗎？」

3. 你想要學到什麼？

4. 學成之後，你想怎麼做？想要得到什麼樣的成果？

5. 這本書與其他本的共同點是？差別又是？

這三點，在書裡面應該找不到答案，尤其第三點與第四點。在與書本對話的同時，其實也是在與自己對話。你應時時刻刻清楚知道自己到底為何而讀。

第五點是為了檢視你的閱讀量。一開始，你的閱讀量可能還不夠多，恐怕回答不出來這題，但當你讀了好幾十本之後，你應該就有辦法將手上的書，與其他的做比較。在你所讀過的每一本書中，一定能從中找到適合你參考的觀點。

6. 作者想要表達的主旨，如何濃縮成要點式呈現？

7. 回顧整本書，最讓你感受深刻的段落是哪裡？

第六點與第七點其實是從歸納式閱讀法延伸而來。

我們讀完自己精挑細選的必讀段落之後，將這些內容吸收到大腦裡，然後反思「這一段應該就是作者的主要論述吧」、「不對，應該是這一段比較接近作者的論點本質」在與書本對話的過程中逐步推敲，加深我們的理解。而不停反思的最終目的，就是要從已吸收的內容當中，精選出最有共鳴的部分，用自己的方式思考，得出「對，我認為這部分就跟作者論述的相同」、「雖然這裡作者這麼寫，但我認為不對，不是這樣」，透過自己大腦思辨出來的結論，才是真正屬於自己的東西。唯有真正的融會貫通，你所讀的內容才會扎實的存留在記憶裡。

或許有人會想，為什麼要去懷疑已出版成書的內容？我會對世間萬物抱持著高度懷疑，大概跟我是國家會計師脫不了關係，應該可以說是一種職業病。

國家會計師皆有監察機制的職業道德規範，日本的會計師職業道德規範寫道：「隨時保持對資料及數據之正確的警覺心，注意是否有誤植或偽造之可能性；對於監察證據不可輕忽易信，須維持中立客觀之立場，給予公平且正確的評斷。」

簡單來說，就是乍看之下感覺是對的事，也必須存疑，不能輕易相信。而這種存疑心態，就跟會計師在看大企業的財報數字時，必須保持警覺，公正客觀的加以查證是一樣的。正確與否，跟對方的權威、地位完全沒有任何關係，也正因如此，我在看書時也習慣一邊讀，一邊提出各種疑問。

例如，當我在閱讀《圖解超好懂！迪士尼的感動服務》時，書裡面有一段關於客訴的論述：「客訴，其實是企業擴展的好機會。」我當時一讀到這句話，馬上就疑惑。畢竟會發生客訴，就代表某些層面出現問題，怎麼會是擴展事業的好機會？我當時不能理解，為了解決這個疑問，我繼續往下讀，然後看到「約翰古德曼定理」這個名詞。

這項定理提到，「當客戶對你的產品或服務沒有任何問題，顧客回流率就只有一〇%，而發生客訴，企業真誠面對並給予回應時，顧客回流率就會提升至六五%」。

據說迪士尼樂園平均一年，會收到三百封信件，其中有三分之二都是客訴信。一旦收到客訴，迪士尼樂園就會立刻寄出非賣品的迪士尼手冊，及道歉信給客人，希望他們能再度光臨樂園。如此，這些原本抱怨的客人，就會變成回頭客，再度光臨迪士尼樂園。

於是我換一個方向思考。據說迪士尼樂園的顧客回流率高達九〇%，若是提出客訴的顧客沒有回頭光顧，回流率應該不太可能有九〇%，或許是提出客訴的客人回流以外，他們還帶上朋友們一起光臨，所以整體的回流率才節節上升。這麼一想，就能理解，客訴確實是擴展事業的好機會。

各位閱讀時一定要不停反問、反思。不論是讓你有新發現的書也好、平凡無奇的書也無妨，持續閱讀與持續反思提問，你一定能感受到，自己的理解力及記憶力有著不同於以往的變化。

7 歸納式閱讀法，訓練你用一句話說重點

我的讀書法來到了最後一個步驟——歸納式閱讀。

在開始說明歸納式閱讀之前，讓我們回顧先前的閱讀流程，我認為這樣能更清楚歸納式閱讀在這套流程中的意義。

步驟一讀前預測，從書腰文案或封面、作者介紹等，推測書本內容。這是為了掌握這本書的整體方向，算是閱讀前的心理建設；步驟二斷捨離式閱讀，篩選出書中自己真正想讀、必讀的段落。篩選重點是，根據章節目錄或篇名、粗體字的部分等，將感興趣的地方標記起來，折書角或用書籤都可以，幫助你馬上就能找到這些精選段落；步驟三記者式提問閱讀法，針對步驟二所精選出來的部分，認真思考「真的是這樣嗎？」、「為什麼作者會這麼認為？」不斷在大腦中反思提問。

對於書上所寫的內容，要深入探討作者的用意，同時也加深自己的思考。這個階段，我們要更加集中在自己閱讀吸收的內容，仔細的去抽絲剝繭、深入了解，可說是「微觀視角」的閱讀。

最後是步驟四歸納式閱讀。到了這個階段，你應該將手上的書讀了三次，但是直到步驟四，才是這個讀書法的集大成。

透過記者式提問閱讀法，將你與書中內容交互思辨的結果，濃縮整合成三至五項要點，這個行為取決於你對你所讀的內容，掌握及理解多少。提醒一下，我所定義的歸納式閱讀，與一般的歸納不太一樣。

各位在求學時，應該都曾在考卷上看到「請歸納這段文章」之類的題目，考題的歸納，會有正確答案，但是我的沒有。**我的歸納式閱讀所重視的是，讀完一本書後，你想要表達什麼？你的心得與想法才是歸納的重點**。

回到關於歸納式閱讀的說明。這個步驟是要從整本書中，抽取出精華重點的部分，則是非常需要「宏觀視角」的閱讀。

歸納式閱讀，這項步驟，也與我們所追求的終極目標——輸出有關。前面辛辛苦苦篩選書中段落、不停反思苦思的結果，在這個步驟要再度升級。對於還不習慣歸納的讀者來說，可能會覺得相當困難，但不用緊張。

在進入歸納式閱讀之前，這本書你已經讀過三次，在步驟三的階段，你應該已經一定程度的熟讀精選內容。因此，你要做的就只有翻閱沒被選中的部分，判斷「這邊的內容跟哪裡寫的意思相同」、「這個內容看起來不太重要」，基本上就是再次整理內文。

若是在途中感到迷惘、好像又搞不懂作者要表達的主旨時，再回頭確認前言及結語，或是重新回到步驟三，再熟讀一次也沒問題。

歸納時的小技巧，就是利用數字編號，限制自己必須將重點整合成三項。我自己也很常運用編號標示法。假設你在歸納式閱讀後，即便整理出來的重要段落多達二十個，只要將二十個重要段落，整合成三項要點並加上編號，你的大腦也就會認定「這本書最重要的精華就是這三項」。這在心理學中稱為認知失調，最有名的例子，就是《伊索寓言》（*Aesop's Fables*）中的〈狐狸與葡萄〉。

狐狸發現樹上有看起來很美味的葡萄，牠很想摘下來大吃一頓，但牠就是摘不到，於是狐狸對自己說：「那些葡萄都是酸葡萄，吃不到也好，我才不在乎呢。我沒有要吃葡萄。」這種矛盾的心態與轉換，其實就是我們做編號的進階運用。

當你寫下編號時，大腦會開始賦予這些編號正當性，讓你相信這三項精選重點，就是超級重點。而這份正當性也會讓你產生自信，日後你要輸出時，你會很有信心的對他人說這本書的重點，就是以下三項。這個方法聽起來很像什麼暗黑技巧，但人的大腦就是這麼不可思議，當你陷入選擇障礙時，不妨試試看。

話題再回到篩選重點。當陷入選擇障礙時，我會優先以自己的感覺為主。例如，重點A與重點B要二選一的時候，我會優先考量，「重點B比較接近作者的論述，但是我認為重點A對我比較重要」，這時候就毫不猶豫捨去B，留下A，其他跟B類似的內容也可以一併捨棄。

讓我們回想一下前面提到的2W1H。若是讀者在閱讀的時候，心裡一直記著2W1H原則的話，到了歸納式閱讀的階段，What、Why、How，三項中總會有一項，讓讀者特別印象深刻。這種時候，有些讀者可能是，「沒搞清楚論述或道理前，無法採取行動，所以 Why 的部分很重要」；也有些讀者可能是，「原因不重要啦，我只想知道該怎麼執行」，對這類讀者來說，肯定最重視 How 的部分。

透過歸納式閱讀所整合出來的結果，會因人而異，歸納與篩選的基準，都是以自己為出發點，如此歸納的過程也能前後呼應，思緒更順暢。

另外還有一個重要的基準，就是你想對他人表達什麼。你歸納的結果想要與誰分享？此時請想著對方的臉，不論是同事、朋友或者家人都可以，請務必思考你要如何表達，以及要傳達什麼事情給對方。

把握以自己的感覺為優先，及想對他人表達什麼這兩項基準，來進行歸納式閱讀，恐怕每個人歸納出來的結果會大不同，這也是我說歸納式閱讀沒有正確答案的原因。

將書本的內容徹底輸入到腦中，就算歸納結果沒有百分百正確也沒關係，畢竟這個動作最重要的目的，是為了培養用自己的話來表達看法的能力。我認為這才是閱讀的重要價值之一。我再強調一次，歸納式閱讀的結果會因人而異，沒有所謂的正確答案。

儘管如此，可能還是會有人覺得，「我就是不懂要怎麼去歸納啊！實際到底該怎麼做？」這裡我舉三本書當範例，都是我在我的頻道中，有實際歸納並將結果做成影片上傳的書。

我挑的是以下三本書：《賣晾衣竿的小販為何不會倒？》、《工作效率高的人怎麼寫郵件？》、《圖解超好懂！迪士尼的感動服務》。本書是直接擷取歸納精華，若是對詳細過程有興趣，歡迎到我的頻道觀看完整版影片。

1.《賣晾衣竿的小販為何不會倒？》

①賣晾衣竿的小販不會倒閉的理由，其一，五金行可以當副業經營；其二，晾衣竿是可以吸引顧客上門的誘因之一；其三，同性質商品在現今有非常多選擇，代表這種需求一直存在。

②就像樂天集團旗下也有經營證券公司，企業可以經營與本業有關的副業。這種多樣化經營的思維也適用於個人。

③在避免大量庫存的前提下，少量進貨高單價產品反而有利。不要太過糾結於單價。

2.《工作效率高的人怎麼寫郵件？》

①注意寄送信件的時機。如果是要寫感謝信，最佳時機是當天或隔天，但有時候也有例外，不可不慎。

②不要長篇大論，條列重點，更能讓對方快速理解你的訴求。

③察覺對方的心思，調整用字遣詞。例如，當對方在寄來的信件中，表示對排程有疑慮，建議你最好在回信時加上一句，「我也覺得有點擔心」。

3.《圖解超好懂！迪士尼的感動服務》

①「只要世上仍有想像力，這座樂園就會不斷成長。」這個思維也適用於工作與學習。不輕易滿足成功，必須保持上進心，督促自己繼續成長。

②顧客回流率高達九〇%的祕密：比起自家公司的經營效率，打造讓客人安心且備受禮遇的環境，才是優先選項。

③迪士尼服務守則的基本精神：員工手冊只能應付七〇%到八〇%的情況。最重要的是設身處地，必須永遠想得比客人更多。

有讀者已經讀過這三本書，不認同我所列出來的歸納重點也沒有關係。我甚至覺得這樣很好。

假設有五個人都讀過同一本書，但就算問這五個人「這本書在講什麼？可以分享一下讀後心得嗎？」我想很有可能根本說不出個所以然吧。頂多說出「很有意思」、「感覺對我的工作會有幫助」這類的感想而已。但其實應該要能具體說出自己歸納後的心得，才能證明你有吸收。具體提出對於書本內容的疑問或反思、加以討論，才是真正鍛鍊我們的思辨能力，也正是閱讀的價值與意義。

剛開始接觸我這套讀書法的人，可能無法只花十分鐘就做到歸納式閱讀。不過，這個階段也是鍛鍊思辨能力的重要過程，花二十分鐘甚至三十分鐘都沒關係，為了讓思辨能力越來越成熟，請多多練習屬於你自己的歸納式閱讀吧。

高所得者的高效閱讀法

- 根據艾賓浩斯遺忘曲線，持續閱讀同類型的書籍，才能有效加深記憶。
- 將一本書分成讀前預測、斷捨離式閱讀、記者式提問閱讀法、歸納式閱讀四個步驟讀四次。
- 選購書籍時的三個重點：買暢銷書、憑直覺買、透過其他方式讀世界經典名著。
- 閱讀時記得2W1H原則。
- 讀前預測：透過封面、書腰，先推測這本書的主題方向。記得使用拆解、聯想、搜尋這三種預測法。
- 斷捨離式閱讀：捨去書中內容的八〇％，只認真閱讀剩下的二〇％。閱讀前言及後記，了解作者想要探討的議題，及提出的解決方案。要確實掌握作者的主旨核心。

◆ 記者式提問閱讀法：在閱讀時，不停重複反思與提問。

◆ 歸納式閱讀：將你所讀到的重點精華，濃縮成三至五項要點。歸納式閱讀沒有正確答案，每個人的心得感想都不一樣也沒關係。

第 3 章

閱讀的好處，培養思辨能力

1 思辨能力強的人，意志更堅定

我在開頭有提到，看書的目的是為了鍛鍊思辨能力。

鍛鍊思辨能力所能得到的好處，可不僅止於閱讀方面。從工作到私生活，你的思考力及判斷力都會有顯著的提升。鍛鍊思辨能力的方法，就是方才我所介紹的四步驟閱讀法。

我再更進一步的詳細說明。

我在第一章有簡單提到，思辨能力，就是我們判斷人事物時的基準。在資訊氾濫的時代，是不可能滴水不漏的掌握所有資訊，事實上也沒有必要。或許在幾年前，擁有豐富知識的人，會被別人稱讚，但在現代，見多識廣已經不怎麼值得大書特書，畢竟現代人遇到不知道的事情，馬上用電腦或手機查一下就行。透過網路，不管多大量或者多專業的資料，一瞬間就能找到。

但是，要從龐大的資料中，用自己的方式去理解，篩選出對自己有用的東西，再更進一步深究思考，並將得出的結果傳達給對他人，這件事只憑電腦跟手機是辦不到的。人們一直以來所追求、渴望的這種能力，就是思辨能力。

在過去，閱讀的主要目的是獲取知識與資訊，當然現在也是。電視及網路充斥各式資訊，其中不乏有未經查證，甚至是可疑的資訊，但是書籍不一樣。一本書從編寫到正式出版，需要經過重重人力把關，相較之下，書籍內容還是比較有可信度。從這個角度來說，書籍對於知識普及、資訊流通方面，依然有著不可抹滅的重要性。

我認為，現代人閱讀的目的，已經不單純只是獲取知識，鍛鍊思辨能力才是主要，甚至說是核心目標也不為過。

不妨再回顧一下吧，我的四步驟閱讀法，不是只著重在獲得書中知識及資訊，各個步驟的閱讀法對鍛鍊思辨能力都有其效應。

首先，在讀前預測時，我們從書的封面、書腰文案、作者介紹等內容來預測這本書的主題方向；斷捨離閱讀法，我們必須自己判斷及篩選，哪些內容是必讀、哪些則可以捨棄跳過；記者式提問閱讀法，強調我們必須與書本對話，反覆推敲「這邊寫的內容真的是對的嗎？」、「為什麼作者會這樣說？」不停的辯論與深入思考；最後的歸納式閱讀，針對自己讀到的內容加以濃縮成精華，在用自己的方式重新理解與構築，目的是為了能順暢表達自己的想法。

我的讀書法，絕對不是一味的被動接收資訊而已，在閱讀的同時，也必須保持思考，可說是四步驟閱讀法的核心。

思辨能力，亦可說是人的思考軸心，會透過累積越來越多的閱讀體驗，而變得更加茁壯、堅定、不輕易動搖。一而再、再而三不停重複的輸入與輸出，會奠定專屬於自己的判斷基準。當思考軸心經過重重鍛鍊，你的思辨能力也會變得更加靈活多元，不只在學習與閱讀方面，在工作、事業、社交場合都能有所發揮。

鍛鍊思辨能力到底能讓我們擁有什麼樣的成果？在工作、學習、生活方面，究竟能帶來什麼樣的好處？接下來就讓我來一一介紹。

2 我能做到什麼？又做不到什麼？

大家是否還有印象？在第一章的開頭，我就有提到，「事業成功者，都致力於閱讀」。

雖說大多數的成功人士都熱愛閱讀，但並非所有愛看書的人，事業都能成功。究竟兩者分歧點是什麼？若是一個人的閱讀量，超出成功人士所讀的量，他人卻稱他為讀書家，而不是成功人士，為什麼？或許有些人已經察覺到了，只是單純讀了大量書籍的人，並不一定具備我一再強調的思辨能力。而成功人士之所以能成功，是因為他們透過閱讀，不僅鍛鍊思辨能力，還培養了洞察力。而要培養洞察力，就必須具備思辨能力，而閱讀正是鍛鍊此能力的最佳方式。

我再更仔細一點說明，透過閱讀來鍛鍊思辨能力的過程，其實就是將閱讀到的新知輸入至腦中，與原本擁有的已知資訊相互融合，就像程式更新，將新的結果覆寫上去，又或者是再擴充、補強已知的資訊，此時大腦會有各式各樣的運作。

在這些運作中，你會越來越明白許多事情。例如，「在這世界上，亦存在著自己無法掌控之事」。看到這句，你大概會想，「作者在說什麼廢話，這我早就知道了」。想很多人都認為自己早就知道這個道理，但我想強調的是，若不能真正理解方才那句話，即使你獲得了許多新知識，也無法順利運用，甚至還有可能引發問題。

舉例來說，假設你目前遇到的課題是想讓薪水變多，為了達成目的，加班到深夜、賺加班費的確是一個方法，但最近的工作方式有了不少改變，想加班，恐怕也不是一件易事。

想要讓自己的薪水有所成長，升職才是有效的手段，而如何升職則是問題所在，到底該怎麼做才能出人頭地？套用前面野村克也的名言邏輯，「大家都知道無法升遷的原因，卻不知道自己為什麼升遷。」

A先生上班總是遲到，工作常混水摸魚、拿不下新合約、沒有業績。像這樣的員工無法升遷，應該很正常；反之，B先生每天認真上班，工作表現穩定，業績也比其他人亮眼，客戶對B先生的評價也很好，但不知道為什麼，B先生總是沒有辦法升遷。現實中應該也有很多像B先生這樣的案例。

另一方面，C先生各方面都普普通通，職場表現也不是特別突出，卻經常受到主管的提拔與青睞。對B先生來說，很難接受這種狀況，但現實就是這樣，就是會有不管多努力，都無法升遷的時候。倒不如說，無法晉升的原因，可能跟B先生付出的努力，沒有直接關聯也不一定。

想要升遷，前提當然是在工作上做出成果，但絕不是一個人埋頭努力就好。決定升遷的因素，除了工作成果以外，主管對你的評價、人事部考核等，是公司內許多層因素綜合考量的結果。期望升遷的B先生，單靠一己之力，在業績上的確有亮眼的表現，但也就如此，其他就是他無法掌握的部分了。至少，光是想要與主管親近、構築良好的關係這點，真的不是光靠心想就能事成。

那麼B先生該怎麼做才好？我建議不妨換個角度思考，想想自己是為什麼，才想要晉升？

假如是想藉著升遷，讓其他走在前頭的同事對自己刮目相看，那確實只能留在原公司繼續努力。如果是為了提高收入的話，與其留在現在的職位、默默等待不知何時才會降臨的機會，還不如磨練自己的技能，再換到其他公司，可能還比較實際。善用自己的技能，藉此增加收入，當然也就是實現了最一開始的願望。

讀到這裡，你是否會覺得，這些內容跟閱讀好像沒有關係？我前面有提到，藉由閱讀來鍛鍊思辨能力的過程，就是不斷重複輸入與輸出。大腦接收新知後，經過思考，最終獲得了新的觀點。獲得新觀點之後，我們就可以擁有更多元的思考能力，從更多面向去思考我們目前遇到的課題、找出解決之道，或者冷靜判斷自己是否有能力處理。若是眼前這條路走不通，是否能換個方向找到新的出路？這種多元思考的能力，就是我們應該要具備的判斷力。

透過閱讀來拓展自己的視野，運用洞察力來觀察世態潮流的演變，進而去預測未來走勢，這就是成功人士一直以來都在做的事情。例如，大家都在討論，未來會有更多的ＡＩ技術，投入到各種產業領域，數位科技會越來越發達，人們的工作環境會掀起巨大的改變。或許這些你早就清楚，但面對未來的發展趨勢，你又該如何應對才好？

如果你很不擅長電腦這類的數位科技，為了抵抗潮流，難不成打算拚盡全力，去阻止這個世界數位化、科技化嗎？正常人都不會這麼想，也不可能這麼做。一般來說，你應該會逼自己多多練習，趕快適應各種數位科技。例如，熟悉 App 的操作方式、學習網路遠端作業，又或者找其他無關數位科技的出路，強化自己的技能，在嶄新的領域中，開拓出一條路，這也不失為一個解決方法。最重要的是，不要只是怨天尤人，因為不管你花多少力氣去抱怨數位科技、抵抗企業、抗拒社會的數位科技潮流，都是徒勞無功。

面對人生的難題，我們活用思辨能力，然後思考，並找出自己能做的事。

至今都還在苦惱自己不擅長數位科技的人，我想就算再怎麼努力，多半也無法成為足以與ＡＩ匹敵的優秀人才。既然如此，何不試試無法被ＡＩ取代的領域，或許能找到新出路也不一定。我試著進一步思考，這是否代表，並非所有上班族，都必須勉強自己跟上數位科技化的潮流？那些ＡＩ無法取代的工作及產業，一定還是需要人力吧。為不會用電腦的人，媒合不需要用到電腦的工作，我推測或許會是未來興起的一種趨勢。

只要透過閱讀，多方面獲取各種知識、資訊，積少成多之後，你就能越來越懂得如何掌握這些繁雜的訊息，像我這樣，在經過自我思考之後，用自己的話語，來表達屬於自己的觀點，這就是思辨能力的展現。當然，我的推測是否會成真，也只能等待時間告訴我答案。

我還是要再一次強調，去思考自己能做什麼、做不到什麼、針對自己辦不到的部分，是否有能力從其他方向找到出路？像這樣不停反覆思考，就能讓你的思考軸心越來越茁壯，你看待人事物的方式也會越來越深入。

3 讀前預測，培養你的假設力

讀前預測是指，我們從封面、書腰文案、作者介紹等內容，來預測這本書的主題。透過這個方法，我們可以學到假設力，讓我們利用蛛絲馬跡、見微知著，進而掌握事物本質。

覺得我說得太誇張？大家還記得我在第二章的讀前預測時，所介紹的範例嗎？關於《寫給初學者的三千日圓投資生活》這本書，我只靠封面、書腰文案，就推測出該書的主題方向及其他相關訊息。雖然也可能是因為我身為國家會計師，原本就有投資及金融方面的知識，所以才能如此預測。但是，我認為每個人都可以從少量資訊中，綜合自己所知的資訊，進而洞察整體的更多面向。

有些人儘管也具備投資相關知識，但是缺乏統整與思考，僅只是讓知識散落在腦中。這樣的人，就算看到《寫給初學者的三千日圓投資生活》這本書，也不會有任何想法，頂多只會想，「哦，有出這種書啊」。甚至還有可能不管內容，先買再說，結果回家後才懊悔為什麼要買。

說遠了，讓我們把話題拉回到假設力。

我盡量說明的淺顯易懂，所謂的假設力，實際到底能有什麼效用。例如，你被公司指派擔任新企劃的負責人，乍看之下，這或許不是什麼稀奇的事，但仔細想想，當中應該有不少可琢磨之處。

我的話，則會開始想，「為什麼公司想要在這時候推這項企劃？」、「為什麼會指派我？」這時假設力就能派上用場。例如，自己就是個情報站、對於公司內部情勢很敏感的人，或許針對這次企劃安排，會開始思考，在這個新企劃的背後，是否還有激烈的社內競爭，像是「我要把握這次機會，好好表現給高層看！」、「實在很不想蹚混水，但是上面交待下來又不能拒絕……只好硬著頭皮做了！」

又或者特別關注業界趨勢的人，可能也會開始思考，「說不定這個新企劃會在業界引起風潮。雖然預算有點吃緊，但我們公司還真是有先見之明！」更甚者，如果是常跑業務、對同業情況瞭若指掌的人，說不定會思考，「我記得A公司也有說過要推出類似的企劃。我估計他們目前的預算，應該也在觀察市場動向，我們當然不能落人後，趕快在市場上卡位吧！」

如果是你，你又會怎麼想？這種情境下，並沒有哪一種想法才是正確答案。公司的內部情勢、業界趨勢、競爭同業的動向等，每一種考量都其來有自，每一個人的想法背後，都有複雜的因素。在思考各種要素時，必須找出隱藏在新企劃背後、真正有待你去解決的問題本質到底是什麼。自行判斷後成立假設，然後朝著假設的方向去努力達成。

以我剛才舉的例子來說，蒐集到關於公司內部、業界趨勢、競爭同業動態等片段式情報後，我就可以開始思考，並且假設：「這是直接任命給新進員工的企劃，我猜公司是想藉機看看新進員工的實力吧？我也覺得這項企劃推出之後，應該會引起業界風潮，聽說同業也打算推出相似的企劃。不過我們公司給的預算實在不多……我猜這次企劃大概只是試水溫！所以我應該利用這個機會，多累積實務經驗，以第一線大量蒐集情報為目標，在企劃會議上提出來討論。」

當然，不管我怎麼想，終究都只是假設。當實際執行企劃時，肯定也會出現意料外的狀況。不過，比起完全不思考、被動的聽公司命令行事，或是聽到一點風吹草動就大驚小怪，我相信透過多元思考、隨時保持自我調整，如此才能一步一步，越來越接近企劃的真正本質。

我們不用每一次都做到最好（BEST），但可以讓自己做得更好（BETTER），而追求更好所不可或缺的能力，就是假設力。

4 幫你在有限時間中做出取捨

相信大家在職場上，一定很常聽到「想想做事的優先順序」這句話。說到考慮優先順序時的重點，應該是交件期限和重要度這兩項。關於期限，我想只要先思考執行各個項目時的難易度，再安排進度，應該不會有太大的問題，案子的重要度，才是比較有問題的部分。

「這是老闆派下來的案子，要擺第一喔！」聽到主管這麼說，你一定會排除萬難、優先處理；「這個案子是新的嘗試，你再利用空檔處理吧。」聽到這種指示，你應該會檢視自己的工作表，抓出空檔時間做安排。但是，不是每個案子派下來時，都會有指示說明。當你接到一個沒有說明的案子時，你該怎麼判斷？透過斷捨離閱讀法所培養的能力，在這種時候就能派上用場。

我們稍微回顧一下什麼是斷捨離閱讀法。以讀前預測所作的推論為本，篩選書中的內容，挑選出重要必讀的部分，或者是作者的主旨核心段落，然後認真閱讀。

再回想一下，你是如何實行斷捨離閱讀法？翻開書本，首先看章節目錄，針對感興趣的章節瀏覽內容，看到跟自己有關、想進一步了解的名詞或段落，就標記起來。最後在篩選時，你應該是想：「這邊這段我覺得要讀，但那段可以跳過。」、「這裡絕對是必讀重點！」像這樣，為自己的閱讀，排出優先順序。

當你看完自己精挑細選出來的部分後，回頭再去對照整本書的內容，應該會發現作者想要表達的主旨，跟你只閱讀精選部分所理解的內容，兩者並無太大落差。這是因為你在讀前預測時，已經先打下了良好的讀根基。

基本上，當你選擇某本書時，你心中肯定有一個想要解決的課題。因此在這個階段，你所讀到的內容，與作者想要表達的主旨，會經由你深度思考後，漸漸形成共識。

某項調查指出，人們所做的選擇當中，有九七%是不經大腦的，而潛意識，就是促使你在不經大腦的狀態下做出選擇，即使你沒有特地想要讀某本書，但在選書時，你的潛意識會促使你，選擇最符合當下心中煩惱的書籍。

我認為直覺與理性思考組合起來，就是斷捨離閱讀法的核心本質。那麼，透過斷捨離閱讀法，我們可以學到什麼，又該如何應用？

只要你對公司的事情有某種程度的了解，平常也有認真工作的話，在判斷案子的重要程度時，你的直覺就會啟動，這也是為何在一開始，提到決定案子的優先順序時，我會說這需要高度精準的判斷力，而斷捨離閱讀法，就是培養判斷力的最佳方式。

當然，工作與閱讀是截然不同的兩件事。在職場上，一時的失誤，很有可能造成無法挽回的後果，因此，當你面對新案子卻感到迷惘、無法決斷時，我會建議還是去請示主管。

但是，自己的直覺是否正確？萬一是錯的，問題又出在哪裡？是自己的觀點與現實有落差？還是資訊太不透明、太少，導致無法正確判斷？排序工作業務時，需要考慮很多要素，而從這些要素中，果斷做出正確取捨，正是需要斷捨離閱讀法。

我以方才的例子，繼續說明如何活用斷捨離閱讀法。假設新企劃的目的，就是在公司正式投入資金、大舉拓展新事業前，先以市場調查、累積實務經驗為首要，那麼，為了達成這個目的，我們必須採取什麼方針？

市場的規模、成長性、深入調查使用者或消費者族群、行銷手法的效果等各式各樣的情報在等著我們。先不管哪些情報有用、哪些資訊幫不上忙，大家都會覺得蒐集的越多越好，待企劃會議時再提出來討論。但是，真的每一項資訊，都值得傾盡全力去蒐集嗎？不如我們先一條一條列舉出來：

- 目標市場的動向。
- 目標市場的發展性。
- 目前的市場規模。
- 誰是目標消費者？數量多少？
- 同業的動向、預測新企劃發布後的效應。

另外，也一併列出企劃會議時，可能會需要待討論的事項：

- 具體的行銷計畫。
- 實際的服務內容。
- 成本結構。

把腦中所想到的項目列舉出來之後，接下來就要取捨。所有工作現場的選擇與取捨，包括從哪個地方下手、哪些項目必須優先分配預算等，都必須篩選的非常精準明確。在這個環節，一定要注意的重點，就是一般大眾所認為的重點，不見得符合企劃所需。

這個道理就跟讀書法中的歸納式閱讀一樣。還記得我有提到，在閱讀時，一般會寫在書裡面的內容，大抵會是普羅大眾覺得重要，或是符合一般常識所需的內容。但是，當你在做取捨時，你的取捨基準，就要是你自己覺得重要的部分。而最後的結果，誠如我說過的，你最終的理解與作者想要表達的核心主旨，並不會有太大落差。

也就是說，以這次的新企劃為範例，既然新企劃的真正目的，是為了蒐集與新事業相關的專業資訊及實務經驗，那麼同業的投入規模，在現階段來說，就並不怎麼重要。因此，我們就可以判斷這個項目的優先順序，是可以往後排的。

當然，等到新事業步入正軌，公司也更加正式的進行評估時，想必目標就會變成「幾年內要達成多少市占率」之類，屆時同業的動向及規模，就是很重要的討論事項，但現在這個新企劃還不需要這個情報。

因此，我會判斷本次新企劃所需要的重點情報，應該是鎖定目標消費者，及擬定有效的行銷策略，而其他項目相關的情報則當成補充資料，根據企劃執行的進度，再隨時討論或調整。

什麼是必要，什麼不是必要？優先順序到底該怎麼安排？透過斷捨離閱讀法，你能將果斷取捨的能力應用在職場上，肯定對你有幫助。

5 讓思緒，有效率的汰舊換新

我們做好了新企劃的假設，也決定要去蒐集必要項目的相關情報，接下來該做的事情，就是查證。

我們所蒐集的情報都是對的嗎？這些資訊符合我們的企劃主旨嗎？原本擬定的策略計畫，真的可以幫助我們達成目標嗎？萬一成效不如預期，又該怎麼辦？許多細項還需要我們更加謹慎的去評估。

像這樣，對於已經定案的事情，依然秉持著客觀的角度看待，這就是記者式提問閱讀法的職場應用。尤其在需要查證、提出質疑時，就能派上用場。要特別注意的是，在反思與查證的時候，並沒有強求一定要當下把你所知的情報，或是他人已經定案的資訊，仔細查證。

我說過，國家會計師的職業倫理，是建立在存疑的態度上。身為國家會計師，就算看到超級知名、公司股票在東京證券交易所市場第一部上市、在日本信用指數頂尖、業績傲人的大企業的財務報表，也必須抱著存疑的態度來檢視。畢竟魔鬼藏在細節裡，財務報表裡面很有可能藏著公司機密。不管一間公司提交出來的資料看起來有多整齊、精美，會計師也不可以全盤相信、毫不質疑。

當你身邊的所有人都說這件事是對的，你也會跟著認同，這在社會心理學上稱之為從眾，其實無法證明正確與否。同樣的道理，書本裡所寫的就都百分百正確嗎？我不這麼想。因此，我認為必須使用記者式提問閱讀法，客觀的去審視、驗證、思辨深究，而最終得到的結果，不論是「這個果然是對的」，或者「跟我想的一樣，果然是錯的」都沒有關係，因為記者式提問閱讀法最重要的核心思想，就是存疑。

自己的想法是否有盲點？自己的觀點是否有誤差？我大力建議，在進行記者式提問閱讀法的時候，要保持懷疑。

接下來，我一樣套用剛剛的範例，說明如何在職場上運用記者式提問閱讀法。

前面我們已經假設，新企劃的目的，就是在公司正式投入資金、大舉拓展新事業之前，先以市場調查、累積實務經驗為主要。

接著，我們就要針對企劃會議所討論出來的結論，來深入探討是否有不當之處。在前面的階段，我們已經列舉出，與本次企劃相符的重點有鎖定目標消費者，及擬定有效的行銷策略。但是，我們的這個想法真的是對的嗎？不將市場的發展性列為重點項目，真的可以嗎？

讓我們來稍微具體一點的與自我辯論一下：

「基本上，要先確定市場有需求，新企劃才有機會上場，所以調查市場的發展性、可能性都應該是必做的功課。」

「不，新企劃之所以能夠誕生，就是因為已經確定有市場，所以不需要再浪費時間調查。」

「但是，若沒有掌握市場規模，又該怎麼鎖定目標消費者和擬定行銷策略？市場規模的大小，對於目標消費者的囊括範圍也不一樣，更別提行銷策略！萬一跟現實的落差太大，那這次的新企劃不就沒有意義了嗎？」

「這次的新企劃，根本沒有規畫到那麼遠，這次新企劃的目的是事前調查與累積實務經驗、蒐集情報，現階段我們能做的事情就是有限。再說，將這次新企劃的成果好好整理起來，在會議上再進一步檢討，這對日後的市場調查才有幫助，所以我認為，現在真的不需要把市場的發展性列為重點項目。」

這個結論到底是否正確？其實也說不準。

記者式提問閱讀法的目的，並不是為了找出正確的解答。而是針對書本的內容，更深入去反思與查證，才是重點。因此，**讀者必須不停的提出疑問、反思、查證，不斷重複這個過程**。但是，職場上需要團隊合作，不管是什麼樣的工作，都會與同事、主管、客戶等許多的人產生關聯。如果只是自己一個人在腦中找出問題點並解決，未免太過於自我，萬一你以為的問題與解決法，在現實中其實是個誤會，後果就不堪設想了。

希望你不要誤解，我提倡的讀書法，包括將記者式提問閱讀法實際活用在職場上，並不是要你去跟別人爭個魚死網破、非黑即白。

「雖然我自己想出了這樣的結論，但萬一我其實想錯了呢？」、「就算全世界都這麼說，但我就是覺得這次的狀況不是那樣啊。」我認為在面對工作時，應該小心謹慎、反覆查證、深入思考，以提升自己想法的正確度。

記者式提問閱讀法更正確的職場應用法，應該怎麼做？讓我們再多討論一點關於新企劃的例子吧。

假設，擬定的行銷策略內容，是要以網路為主，那就針對這一點，在你的腦中繼續辯論看看：

「這次的行銷策略要以網路活動為執行重點，根據是什麼？」
「主要是基於預算額度才這麼擬定的。畢竟行銷講究的是低成本高成效。」
「這有符合我們鎖定的目標消費者嗎？」
「應該有吧。」
「但是將重點放在網路行銷的話，那其他的行銷策略又該怎麼看出成效？這次新企劃的目的之一，是累積實務經驗、蒐集情報，我們不是應該要多方嘗試、蒐集各種管道的資訊才對嗎？總是要多做幾種測試，才有結果可以比較吧。」

「但是這次的行銷預算根本沒有那麼多啊。」

「那就將預算重新分配就好啦，彈性調整！畢竟新企劃的目的，就是要多嘗試和蒐集多種情報，若是將全部的預算都拿去只做一種測試，這就本末倒置了。更何況，要是沒有多項數據可以比較，要如何才能得知，哪一種管道或行銷方式，才是最適合公司的？」

這一次辯論的結果，居然推翻了一開始的定案，認為要做出彈性調整比較好。再說一次，記者式提問閱讀法的目的，是要透過討論（辯論）、針對問題點深入思考。因此，就算最後你的想法或結論，跟一開始的定案不同，都是很正常的事。太過於固執己見，在職場上可是非常危險的。

稍微離題一下，二〇一七年，東京都知事小池百合子，在當時很常使用一個詞彙：揚棄（Aufhebn）。這個詞，原本是德國的哲學家黑格爾（Georg Wilhelm

Friedrich Hegel）所提出的一個概念，簡單來說，揚棄，是指在事物發展的過程中，淘汰原本內含的消極要素，再從中發展新的積極要素，最後統合起來，將整體導向更完整、美好的狀態。

在職場上要活用記者式提問閱讀法時，建議你想想揚棄的概念，讓你的思緒，能更有效率的汰舊換新。

6 怎麼用上帝視角讀一本書？

我所提倡的讀書法，可以讓你更好的去應付生活上的各種難題，尤其是工作方面，你會更能靈活運用自己的實力。

前面我已經介紹了步驟一至步驟三閱讀法的應用方式，現在終於來到步驟四。首先，讓我們稍微回顧一下步驟四的歸納式閱讀。在歸納式閱讀這個階段，是要將斷捨離閱讀法篩選出來的項目，利用記者式提問閱讀法加以深究、辯論、驗證，在經過多重反思後，歸納整理成三至五項的精華重點。你必須理解書中想表達的主旨，然後用自己的話歸納總結，這也算是一種語彙轉換的過程。

我的讀書法的終極目標，就是鍛鍊思辨能力，因此我所重視的絕對不只有輸入，最重要的還是要能將自己讀的內容，好好的傳達給別人。而歸納式閱讀，就是輸入作業的最後一步，是所有的集大成。

歸納式閱讀需要宏觀閱讀的能力。所謂宏觀閱讀，就是類似用上帝視角閱讀整本書，而上一個步驟的記者式提問閱讀法，就是微觀閱讀。會說微觀，是因為記者式提問閱讀法只深入閱讀自己感興趣、篩選出來的部分，再深究與反思每一個論點。

透過記者式提問閱讀法所理解的內容，用宏觀的角度來重新審視與構築，這才是歸納式閱讀。我認為歸納式閱讀當中最重要的一步，就是語彙轉換，也就是將作者寫在書中的理念或想法，轉換成自己會說的語言詞彙，再對外表達。透過這個動作，才算是真正輸出及深度理解，也代表自己真的已經融會貫通作者的想法。

為了不要錯誤理解作者的理念或觀點，還是需要下點功夫。我自己在閱讀的時候，若是看到書中出現比較抽象的論述，我就會去搜尋其他同主題，但描述較具體的參考內容來幫助自己理解。

太過抽象或拐彎抹角的論述，不僅讓讀者難以理解，甚至有可能會將讀者誤導至錯誤的方向。相較之下，有具體描述或是條理清楚的行文，就不容易產生誤解。

當遇到自己好像不太能懂的抽象內容時，盡可能去找出同樣論述，但有具體表現的參考資料，再將其結果轉換成自己能夠表述的語言詞彙，如此才是真正讀懂了作者的想法。

我這樣說明是否還是太抽象？雖然我自己這樣講好像有點怪，但我前面提到的語彙轉換這個概念，可能也是一種抽象論述。第一次聽到這個名詞的人，大概也搞不太懂是什麼意思，所以我提出之後，馬上就補充具體說明：將作者寫在書中的理念或想法，轉換成讀者自己的語言詞彙，再對外表達。

那麼，各位讀者看到我的解釋說明後，又會如何轉換成自己的語彙？「用淺顯易懂的方式說」、「換位思考術」，可能會有很多說法，最重要的是，你轉換後的結果，務必是你也覺得心服口服的結論，這是歸納式閱讀最重要的地方。

關於歸納式閱讀的說明，就到此告一段落。接下來我們繼續聊聊，如何在職場應用這個閱讀法。作為範例的新企劃，也終於到了最後階段。

在工作上想要順利運用歸納式閱讀的方法，我認為，應該以宏觀的角度，來檢視整體的企劃內容或執行項目，是否與本次專案的核心目標相同，以及思考接下來所要進行的項目，是否為最佳策略、是否有缺失等。

關於是否與核心目標相同這點，我認為可以用記者式提問閱讀法的技巧來確認。但千萬記得，使用記者式提問閱讀法確認細項後，要再用歸納式閱讀進一步確認是否與整體目標一致。這就是微觀閱讀與宏觀閱讀的差異。

在歸納式閱讀的階段，還可以再細分程序，接下來，我就照執行順序來更仔細說明：

1. 用宏觀的角度再次回顧審視整體

先前已經運用讀前預測、斷捨離閱讀法、記者式提問閱讀法三個階段的技巧，逐步檢視企劃內容。究竟當初我們所做的假設，是否與企劃的真正核心目標相符？現在就是該用宏觀角度來審視整個流程與確認。

我們先假設範例的新企劃，到目前為止的流程都很順利，接著讓我們開始用宏觀角度來檢視。首先要確認的是，一開始用讀前預測來推敲企劃的目標與方向是否準確？假設預測是對的、沒有失準，就可以往下一步邁進。

第二步是斷捨離閱讀法。在這個階段，我們蒐集了相當大量的情報、數據，再經過討論與分析、評估企劃的規模，最後篩選出兩項重點。我們認為，本次的新企劃應該是試水溫性質，應該要將力量集中在鎖定目標消費者，及擬定行銷策略。

第三步是記者式提問閱讀法。先前兩個階段的內容，我們透過宏觀角度確認後，應該是沒有問題。畢竟策略與方法相輔相成，若是搞錯其中一個，就不可能導出正確的結果。為了確保這一個階段，我們所做出的結論萬無一失，建議要站在反對者或質疑者的立場來反覆推敲、辯論、驗證，才能避免微觀造成的盲點。

讀到這裡，各位有什麼感想？前面我們討論行銷策略的方向，原本敲定要以網路行銷為重點項目，但是在記者式提問閱讀法的時候，透過正方與反方的辯論驗證，最後針對執行方法做出了修正與調整。這整個過程用宏觀角度來看，應該也沒有問題。

2. 各細項的目的，與整體企劃的大目標方向是否一致

這一點，我想在各個階段都不會成為大問題。若要我說有什麼需要特別注意的

話，就是微觀角度，亦即記者式提問閱讀法所看到的觀點，有可能只是冰山一角。微觀角度與宏觀角度，由於看到的層面不同，最後導出的結論有可能會完全相反。就像短期目標與長期目標，必須注意兩者的方向是否一致。

3. 整合意見，確定與大方向目標一致後，再深入討論

這個就是歸納式閱讀的核心本質。作者要透過作品傳達自己的理念，其表現手法可說是各式各樣，然而在細細閱讀之後，很多時候我們會發現，儘管表現手法不同，但其實都在講同一件事，也就代表本質都相同，職場也是同樣道理。

乍看之下好像有很多瑣碎的待辨事項，但經過整理與思考之後，發現這些事項的目標都一樣的話，那就整合起來變成一件就好處理多了。既有效率，思緒也不會混亂，執行方向也會更明確。這個技能用在推動企劃時，會非常有用。

不可不慎的是，千萬不要勉強硬把所有事項都合在一起，要先好好審視，確定是企劃重點的部分再整合。

所謂歸納，並不是不管三七二十一，就把全部東西都湊在一起，而是將重點整理出來再統合。歸納式閱讀最重要的價值，就是培養宏觀的判斷力。善用歸納式閱讀的力量，讓企劃成功、順利結案吧！

7 區塊組合法，將問題各個擊破並找出解方

前面花了不少篇幅在介紹我的讀書法，以及如何應用在工作上。其實，我還有一個技巧也想與大家分享，那就是「拆解」與「區塊組合法」，在歸納式閱讀的階段，這兩個是很有效率的技巧，在工作方面也有很大的幫助。

本身就已經有在鍛鍊思辨能力的人，在分析事物時，大抵都能夠變換視角、從各種不同的角度觀察與分析。

舉例來說，當公司業績下滑時，我們試著來思考原因出在哪。

現在全世界都受到新冠肺炎的影響，而缺乏思辨能力的人只會說：「啊就疫情影響，沒辦法。」當然，疫情的確是一個不容忽視的原因之一，但真的只是這樣嗎？雖然疫情影響全世界，可還是有企業依然能維持原本的業績，甚至也有企業逆

勢而上，業績成長。由此可見，一定還有其他原因，導致營業額下滑。擁有思辨能力的人，就會針對這點深入思考，尋找並分析為什麼下滑。

我相信，造成業績變差的因素，肯定不只一個。例如，有可能在疫情之前，產品的單價在市場上就已經下跌，假如真有這個可能，那是不是代表因為客戶減少了，公司才不得不降低價格？又或者是業務的成交率下滑，導致公司陷入削價競爭？還是公司改變了攬客手法，結果卻差強人意？像這樣深入思考後就會發現，真的不能把全部都怪罪到疫情影響。

經常鍛鍊思辨能力的人遇到問題時，會深入挖掘問題點，找出其他可能的因素，然後再將這些可能因素分門別類，逐一思考解決方法、各個擊破。

對我而言，這就像把問題變成方程式。方程式是由各個細項組成的，為了解開，就必須從其他角度找出更多細項線索，最後組合起來就是解答。這就是我說的區塊組合法。

具體我們就用公司業績下滑來當作範例。業績下滑，用方程式的形式表現的話，大概就像這樣：業績＝單價×潛在客戶數×成交率。

對於只會把業績下滑，歸咎於「都是因為疫情」這項單一因素的人，我想他們的眼裡只會看到業績而已吧。但真的有這麼單純嗎？

從方程式來看，有寫出來的要素就有單價、潛在客戶數、成交率三項了，何況其中還可以再細分成A產品的定價、B產品的定價、C產品的優惠價等，要分多細就有多細。

將自己遇到的問題，用具體可見的方式呈現，就是我所說的，把問題變成方程式。其實不只業績，其他問題也都可以透過拆解與分析，來變成方程式。

例如，工作表現這種抽象的問題，也可以變成方程式：工作表現＝技能×健康狀況。由此延伸，健康狀況＝飲食×運動×睡眠。將其拆解、細分，飲食又可以延伸成：飲食＝碳水化合物＋蛋白質＋脂肪＋維他命。

諸如此類，全部都可以用方程式來表現。

用這樣的邏輯來思考，若是覺得自己最近工作表現很差，下一步卻是喝提神飲料，就會發現這其實一點用都沒有。工作表現差，有可能是因為碳水化合物攝取不足、大腦無法靈活運作，又或者是睡眠不足所導致，也有可能是因為不常運動，缺乏紓壓，導致身體累積太多壓力，進而影響工作。

將眼前遇到的問題變成方程式之後，就可以找出真正的原因並改善。

我們透過方程式，拆解各個要素之後，接下來就是要用其他角度的觀點，重組這些要素，也就是區塊組合法（Chunk）。

Chunk 這個單字，原本就是指「將散亂無序的訊息區塊，像拼圖一般拼湊起來，組合成有意義的完整知識」。而我的歸納式閱讀，正是要將大量的閱讀重點（區塊），重新拼湊組合成三至五項的精華要點。在這一層涵義上，區塊組合法與歸納式閱讀的原理相同。

方才我們將問題變成方程式，目的是為了拆解出可能的因素，將問題點細分出來。在這個階段，我們可以找出真正的問題核心，也代表就快要找出解決方法。想要找出解決之道，我們就必須掌握問題核心，並思考如何修正，而區塊組合法是最有效率的方式。

例如，我們再深度探討一下「業績＝單價×潛在客戶數×成交率」這個範例吧。假設單價按照價格高低，拆解成定價最高的A產品、定價次高的B產品、採優惠價的C產品三種；潛在客戶數，就按照銷售管道的銷量高低，拆解成網路電商、經銷代理、門市直購；最後的成交率，先假設拆解成門市直購七〇%、經銷代理五〇%、網路電商一〇%。

計算這些項目的數值所得出的結果，就是業績，但這樣沒有辦法讓業績止跌回升。是該單純提高價格就好？還是想辦法增加客戶數量？或是提高成交率？這種時候，區塊組合法就是一盞明燈。

我們用「如何提升業績，最能看到成效？」這個角度，重新檢視剛剛的問題方程式。在看過拆解細分出來的項目後，我們可以很快抓出，A產品的價格最高、網路電商的潛在客戶數量最多、門市直購的成交率最高三項重點。於是我們可以假設：「最能看到成效的策略，就是在網路電商或門市吸引大量A產品的潛在客戶，並提高成交率。」像這樣先拆解、再重組，就是區塊組合法。

下一步我們該思考的是什麼？我們的目的是提升公司業績，雖然降價以求擴大銷售規模也是一種方法，但實際上這種做法沒辦法保證不出錯，且比起降價，一般公司還是希望至少能維持既定的價格。

基於上述種種判斷，該採取的策略，應該就是想辦法提高網路客戶群的成交率，或是增加至門市消費的來客量。

透過歸納式閱讀，就能讓你的思考力提升到這種程度。

稍微複習一下，歸納式閱讀，是從一本書中，精挑細選出自己感興趣的段落，以及作者的理念與主旨，將這些歸納整合起來，進一步將這些內容轉換成自己的語言詞彙，向他人傳達。

要精進歸納式閱讀，不可或缺的就是看透事物本質的觀察力，這種觀察力能幫助你在職場及生活中發揮本領。

閱讀絕對不是單純把一本書讀完就好。透過閱讀，我們可以學到很多事情。誠心推薦各位親身體驗這套讀書法，將書本裡的內容，全部轉化成自己的東西，讓自己更加成長進步。

高所得者的高效閱讀法

- 鍛鍊思辨能力，學會從各種角度、觀點來看待事物。
- 讀前預測，培養靠著少量情報，就能掌握多面向的觀察力。
- 斷捨離閱讀法，培養能準確判斷優先順序的判斷力。
- 記者式提問閱讀法，養成避開盲點、減少失誤的查證力。
- 歸納式閱讀，讓自己有能看清大局、掌握核心的宏觀力。
- 問題方程式與區塊組合法，幫助你提升解決問題的能力。

第 4 章

怎麼說一本書，別人一聽就有感

1 讀完後，你可以教人嗎？

我認為**讀完一本書之後，才是閱讀的開始**。

乍看可能不明白是什麼意思，其實就如我在第一章所述，我的讀書法最重視輸出。能夠輸出、向他人傳達自己閱讀的內容與心得，才算是真正把書本裡的東西，轉化成自己的一部分。

各位有聽過主動學習法（Active Learning）嗎？以前的學校教育所追求的是，教育學生聽老師的話，好好學習老師所教的東西，孩子們幾乎都是處在被動的環境。然而時代變遷，現在的學校教育目標，已經轉變成教育孩子們勇於表達自己的意見，並且主動思考與學習。而主動學習法，正是在這樣的時代潮流下所誕生的新理念，其主要目標，就是引導孩子們的積極性與自主思考能力。

例如，透過辯論或分組等方式，老師不再只是單方面在課堂上說個不停，而是製造讓學生們自主思考、勇敢發言的學習環境，課程規畫也會傾向培養學生表達自我想法的內容。

這種重視學生積極性的教育法，就連東京大學錄取率居全日本之首的灘高中等學校，以及其他重視升學率的學校都有採用。換句話說，主動學習法，對提升學生的學習成果非常有成效。

我也將這樣的觀念，套用到我的讀書法之中。

輸出即等於積極表達能力，它所帶來的學習成效，各位應該或多或少都有經歷過。想像一下，你是某大企業的員工，這次負責擔任新人教育訓練的講師。在幫新人上課之前，你為了準備在課堂上傳授社會人士的心得之類的主題，而閱讀了相關書籍。等到正式上課、在新人面前講述時，心裡突然驚覺「原來書裡所寫的就是我現在這樣啊！」透過親身體驗，然後對書本內容信服，又或者是，為了在新企劃的發表說明會上擔任主講，你不斷反覆練習講稿，這時靈光一閃，突然想到接下來的商業走向。這樣的例子應該也不少見。

當自己一個人默默閱讀時，原本不覺得有什麼特別的內容，卻在向他人口述表達、傳授教導時，才突然驚覺自己真正懂了，甚至出現新的想法。

關於前面提到的積極表達能力的成效，有一個廣為人知的學習金字塔圖表（第一五七頁圖五）可以作為實證參考。這個學習金字塔，是根據美國國立訓練研究所（National Training Laboratories）的學者，研究製作出來的圖表，用以顯示學習知識的方法，與知識在腦中的保持率之間的關係。

據圖表所示，用耳朵聽，知識保持率只有五％；用眼睛讀，知識保持率有一〇％。但是，將自己習得的知識教授給他人，知識保持率居然高達九〇％。

這樣看來，最有效的學習方法，肯定不是自己一個人埋頭苦讀，而是持續將自己所學教給其他人。可以說，必須透過輸出，才能大幅提升學習成效。

畢竟自己埋頭苦讀所能吸收的知識量，與邊學邊教給別人，且自己也能記得的知識量，兩者相差九倍之多。我的獨門讀書法之所以如此重視輸出表達，也是基於這個原因。

我為了能向更多人介紹自己所讀過的書籍，經營了一個 YouTube 頻道。原本是為了向他人介紹書籍而拍影片，但出乎意料的是，最後受益最多的，其實是我自己。

我會這麼說，是因為我利用自己的讀書法，親自實踐了學習金字塔的每一層。先是獨自閱讀、使用記者式提問閱讀法與書本辯論等，幾乎滿足學習金字塔的每一層條件，最後則是教授他人。

別忘記了，只用耳朵聽，別人說過的話，只會在你的腦袋裡留下五％的內容。為了促進自我成長，比起一個人埋頭

圖 5 主動學習法的金字塔概念圖

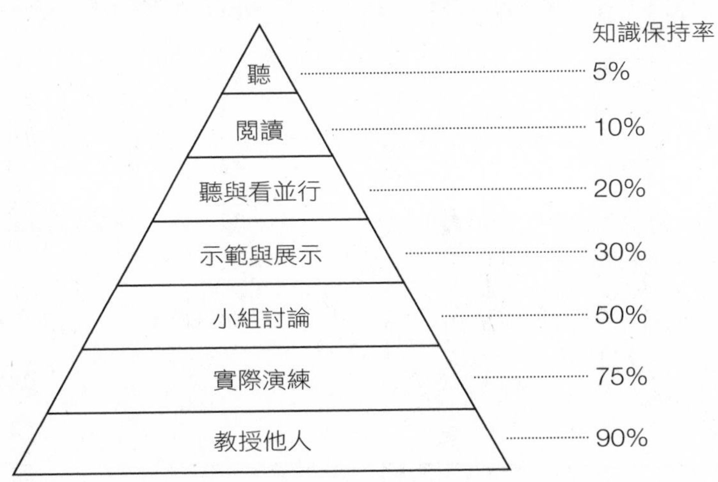

出處：美國國立訓練研究所（National Training Laboratories）。

苦讀，與別人教學相長，絕對是比較有用的方法。別再用沒時間教人這種錯誤思考當藉口。

透過步驟一到步驟四所習得的知識，自己是否真的有融會貫通？利用輸出，才能確認這一點。為了讓自己的閱讀真正有成效，請務必培養積極表達的思維。

知識可以靠自己吸收，但輸出沒辦法，總得要有一個對象來聽你說。但是，如果你就是不知道可以找誰的話，這種時候，我建議可以用「當作我有教」的想像法，也同樣有效。

先在腦袋裡想像一個人，公司的同事、客戶、朋友或者家人，誰都可以，然後一邊想著如何說得讓對方懂，一邊開始在腦中對話，又或者你非常不擅言詞又口拙，那麼，改成用推特或部落格，利用文字表達的形式，也沒有問題。最重要的是傳達出自己的想法。

我每週會有兩次要拍攝新影片的行程。在拍攝當天，我大概一天會解說六至八本書。為了能在影片中有更好的表現，我隨時都把握機會反覆練習如何解說。

該用什麼樣的說法比較淺顯易懂？用字遣詞是否能引起觀眾的共鳴？要不要加

上插圖才比較好理解等，每當我練習卡關、思緒當機時，我就會重新翻開書本，再度與書本對話。

原本是為了向他人介紹書籍內容，才開始經營 YouTube 頻道，現在卻已經完全變成是連我自己都很投入其中的閱讀管道。我深深感覺到，持續像這樣子輸出，可以讓我更加深入了解書籍的本質，最棒的結果，就是我同時也對自己有了更深刻的理解。

2 寫書評，我控制在一百四十字以內

我認為輸出要說三次，每次十分鐘。「為什麼要分三次？」、「為什麼是十分鐘？」相信你馬上就冒出這兩個問題。

我就直接回答了，**分三次，是因為要讓別人能一聽就懂，同樣的內容**（你的輸出），**至少要說三次；十分鐘，則是憑我的經驗，一般人能夠集中精神聽對方說話的時間，大約就是十分鐘**，請將這兩項當成你練習表達時的指標數字。

隨著我錄製影片的次數增加，現在的我即便突然上場開拍，也能順利開講，但一開始我也講得不好，先不論內容如何，主要是影片時間一直兜不起來。

身為頻道主的我來說或許有些奇怪……但說真的，要在十分鐘內講完一本兩百頁的書，是真的滿難的。要說一本書的內容，分量真的很多，尤其在取捨困難時，超時五分鐘、十分鐘都是常有的事。

超時五分鐘，聽起來可能沒什麼大不了，但是從那個時間點開始，若想要將談話控制在十分鐘內，就必須減少至少三分之一的講稿內容；若是超時十分鐘，又想將影片時間控制在二十分鐘的話，就必須捨去至少一半的講稿內容。反過來說，若是太過在意時間，反而會省略太多內容，造成影片過短，連十分鐘都不到，整支影片也不上不下，失去吸引力。

我認為，除非是口才非常好的專業人士，否則很少人可以一開口就非常流暢，且能完全照自己所想的來表達，甚至每次都能控制在十分鐘結束。

蘋果聯合創辦人史蒂夫．賈伯斯（Steve Jobs）在發表會上主講時，非常講究談話的內容、表現方式、小道具的使用手法等，據說他為了五分鐘的發表會，居然要花上數百個小時來做事前準備。像賈伯斯這樣的專業人士，為了僅五分鐘的發表會，都要花千倍以上的時間來準備，我就會覺得，為了十分鐘的影片，練習個三次也是理所當然的事情。

凡事想要做得好、做得巧，都一定得經過相當程度的練習。我堅信先有量才有質，想要怎麼收穫，就要怎麼栽。

已經小有名氣的 YouTuber，為了維持頻道的聲量，最低限度是一天至少上傳一部新影片。我也想過，若是我變成一天上傳三部新影片會如何？但目前為止，我還是維持一天兩部新影片的頻率，但隨著影片的觀看次數逐漸成長，我也越來越有「每介紹一次書籍，我的輸出就越來越精進」的真實感。

任何事情都需要累積與時間的堆積，才能看到成果，我想人的成長也是如此。這個道理也適用於其他事情。比如，**要在推特上發表書評，就必須把字數控制在一百四十字以內**，這不太可能第一次就上手，必須經過一次又一次的練習，才能越來越熟練。

其實，我直到現在都還是會利用暫停鍵，來確認自己在影片中到底講了幾分鐘，一邊測量一邊錄製。基本上都在八至十二分鐘，不過，最近終於達到一次十分鐘的境界。要走到這一步，我大概花了八個月、讀了將近五百本書，也介紹了將近五百本書。這一路走來，感受頗深。

若你是要採發表會模式，又或者是拍成影片公開上傳的話，我建議時間都要控制在十分鐘會是最好的。

一定要記住，唯有大量練習、累積經驗，才能讓輸出技術更熟能生巧。不論是自言自語、腦內對話、找人當練習對象、利用其他管道用文字發表都行，總之就是要增加表達的機會，多多練習。

3 聊天的最好開場白：「我最近讀到一本書……」

當你漸漸習慣一次十分鐘、三次為一組的表達練習，感覺越來越熟悉技巧之後，你應該會想要在他人面前發表看看吧。這種時候，我最推各位主動發起讀書會之類的活動，自己製造一個能定期發表心得與想法的場合。

你個人的閱讀習慣已經扎根，若能有一個場合，讓志同道合的夥伴參加討論，對於吸收及表達都會有非常好的效果。因為新冠肺炎的關係，現在有越來越多人習慣線上交流，因此也沒有必要非找個實體場地不可。在線上招募志同道合的同好，使用 ZOOM 等視訊軟體，就可以辦線上讀書會，類似的方法多得是。

可能有人覺得舉辦線上讀書會，好像太大張旗鼓，也有點尷尬。認為這個門檻太高的人，我推薦可以用「一人會議」，來測試自己的輸出技巧。

跟大家分享一下，雖然我現在在經營 YouTube 頻道，但我以前非常不擅長在眾人面前說話，而且我大學時，幾乎所有時間都在準備國家會計師的考試，根本沒機會可以跟別人交流。我還記得當時去的國考補習專班，那裡的老師一臉嚴肅的對我們說：「閉上嘴巴認真念書！愛講話的人絕對會不及格。」所以當時每個人都是沉默埋頭苦讀。

後來我順利通過國家會計師的考試，也有幸進入外商會計事務所，擔任財務會計審查、制度監察等工作，但是在這樣的職場中，新進員工也幾乎不常說話，只有在跟公司前輩、主管報告，或是跟客戶開會討論時，才會開口。

我想，「反正時候到了自然就會說話，船到橋頭自然直」，所以沒有太在意。但是，當我提出辭呈、準備要創業時，才發現這樣下去好像不太妙。

為了創業，我讀了很多書，不管哪一本書，都寫著老闆對員工的要求就是溝通能力。確實，若是員工溝通能力有問題，難免讓人擔心是否工作能力也很差；反過來說，老闆本身也應該要有良好的溝通技巧與能力。

另外，書上也寫著，老闆也應該要具備上級程度的演講力及溝通能力，這讓我非常擔憂，覺得自己真是太不妙了，因此我開始認真練習表達，而這正是一人會議的基本雛型。

雖說是會議，但並不是真的開會，而是一個人的發表會。我的話，會準備三腳架及攝影機，每天一個小時，決定好當日發表的主題之後，接下來一個小時內，就會全神貫注的練習。前面有提到關於輸出的練習方法，一人會議就像升級版。

用攝影機記錄這一個小時的練習，再一邊回看一邊檢查，找出自己需要修正的地方，改正後再次錄影、再次確認。整個的練習流程大概是這樣。

我當初練習時，最長有過一天練了五小時。經過如此大量的練習，我才終於變得可以在人前好好說話。儘管我現在不再需要透過一人會議的方式，但我還是會持續錄影來自我確認，這對於拍影片來說是必要的練習作業。

雖說一人會議練習法的目的是鍛鍊口才，但當你想要表達自己的看法，或是在會議上想要暢所欲言時，這個練習法可以帶給你很大的幫助，也能釐清與理解自己的內心。

雖說練習是一個人自言自語，但是透過反覆練習與思考，這中間也會獲得一些新的靈感，「原來也有其他不同觀點」、「之前那個誰誰講的，原來是這麼回事啊」等。一人會議不僅只是單純練習輸出技巧，還可以有效加深理解。

不過，最理想的輸出模式，還是有一個可以說話的對象比較好。不用過於拘泥於我方才所提的讀書會形式，跟同事一起吃午餐、在茶水間閒聊，甚至下班後的聚餐時光也可以，試著向身邊的人表達自己的想法吧。

話說回來，在那樣放鬆的場合，你突然一臉正經的開始說書，似乎有點不妥。我想，就利用大家在閒聊、氣氛非常輕鬆的空檔，淡淡用一句**「我最近讀到一本書……」來當作開場白如何？**

那麼，這種時候要聊什麼樣的書好？我推薦是近期大賣、擁有熱門話題的書，或是跟公司正在進行的企劃相關主題的書。通常這類型的內容，是普羅大眾都會感興趣的話題。

當聽到有人回應「是喔，什麼書啊？」你回話時，要注意以下重點。例如，你用暢銷書當開場白的話，先簡單說一下內容大意就好，若是對方有興趣，再進一步的分享，又或者，你是用跟工作有關的書當開場白，那就接著說「我讀到的那本書，跟公司現在正在進行的企劃案有關……。」通常此話一出，多數的人都會願意繼續聽下去。

最重要的竅門，就是將時間控制在一分鐘，最多兩分鐘。最理想的狀況是，當下有其他人也讀過你所提的書，如此就可以開始暢聊，不用特意控制時間，遺憾的是，現今擁有閱讀習慣的人真的不多了，所以這種情形可遇不可求。

另外，用書當聊天題材，內容也要有趣，要是不夠有趣，就沒人有興趣聽你說話，所以，要不著痕跡的在閒聊時，巧妙帶入話題。例如，某人提到這個話題：「因為運動不足，我最近開始慢跑了，但是總覺得很難持續下去……。」你就順勢回應：「我最近讀到一本書，上面說無法持之以恆跟意志力沒有相關，會無法持續做某件事，都只是因為你不知道持續下去的方法或技術而已。如果能學會持續的技巧，那誰都做到持之以恆。」對方會說：「真的假的？有這種技術嗎？」你再趁勝追擊，繼續講：「我自己也有買回家讀，然後啊……。」就像這樣，大家都會開始聽你講。

最棒的是，利用與大家聊天的機會，進而結交讀書夥伴。聽起來很美好，不過要在一、兩分鐘內，用書的內容當題材，還要能引起他人興趣，真的很困難，為此我們需要投入大量的時間練習。

希望大家都能夠鼓起勇氣，開口與他人說話，或許在不知不覺間，眾人就會對你建立起「你其實讀很多書耶」的好印象，而讀書家就會變成你的個人特色之一。

4 用插畫或圖表做輔助，對方更專心

在練習輸出時，我希望你務必利用筆記，不是電腦也不是手機，而是準備紙筆，寫在紙上。

我在錄製要上傳到YouTube的影片時，我會利用斷捨離閱讀法篩選書中內容，並將挑出來的頁面拿去掃描影印，做成大概十幾頁的資料冊，再用記者式提問閱讀法讀過一遍。其中特別感興趣的部分、覺得有疑問的地方，甚至後來我找到的相關解答，全都親手寫在頁面空白處。緊接著再用歸納式閱讀，「這邊跟這邊，講的是一樣的東西」「這裡的內容，感覺換個敘述方式應該會比較好懂」，像這樣，我會把我的想法全部手寫在紙上。

會推薦手寫，是為了避免自己忘記前面的思考軌跡。雖然用電腦打字、建立檔

案存在電腦裡，日後要參考回顧時確實很方便，但是要記錄思考過程的話，還是推薦各位用手寫，記憶會更深刻。

想想學生時代在背英文單字時，應該很多人都是一邊唸一邊手寫拼音。國家會計師的論文考試也需要書寫大量文字，考前也要閱讀大量字詞，更別提練習題、考古題，要寫的字真的太多了。或許是那個時期帶來的影響，總之，對我來說，輸出表達的準備作業中，親手寫筆記是絕對不可或缺的一項。

方才提到，手寫可以加深記憶，但還有一個重要好處，那就是不會發生日後你想要講，卻怎麼也講不出的窘境。「奇怪了，我明明就有看懂，可是我不知道要怎麼說明。」會發生這種情況，通常是誤解歸納式閱讀階段所重視的「將重點精選濃縮成三至五項，並確定已經徹底理解」。大家回想一下，以前準備考試時，明明自己覺得有看懂參考書及講義寫的內容，可是考試時卻怎麼也想不起來，這兩者的道理是一樣的。讓我再提醒一次，看得懂不等於做得到。

哈佛大學做過一項試驗調查，請受試者將自己已知的知識，一項一項條列式寫在紙上，當下能寫多少就寫多少，之後發現，受試者透過手寫，變得更能理解新的知識，對於新知識的記憶也更為深刻。在進行記者式提問閱讀法，及歸納式閱讀時，同時親手寫下筆記的用意，和這項試驗調查不謀而合。

明明就已經讀過好多次，對書本內容應該早就記得滾瓜爛熟，但事到臨頭卻無法順利說出來，為了避免這樣的窘境，建議還是乖乖寫筆記。在表達時，一邊看著筆記一邊講也完全沒有問題。

我已經告訴你寫筆記的重要性，接下來要教的，就是最為重要的輸出方式。

我心中最屬意的，就是活用人體五感來表達的輸出方式。講是這麼講，但不論是在 YouTube 頻道，還是在眾人面前，想要發揮味覺及嗅覺來表達，怎麼想都是一件不可能的事。我要強調的是，盡可能多利用感官來影響你的受眾。例如，善用插畫或圖表來輔助說明，注意講話的抑揚頓挫來刺激聽覺。

將自己從傳達者的角色轉變成接收者，或許會比較好懂。例如，在聆聽喜歡的歌手的音樂時，以下哪一種形式，最能感動你？聽ＣＤ？看ＤＶＤ？還是去參加現場演唱會？我想演唱會應該最能帶給你感動。為什麼大家都說現場演唱會超棒？就是因為在現場才能獲得最多的感官刺激。

聽CD的時候，你只會用到聽覺；看DVD的時候，則同時用到視覺與聽覺，但是現場演唱會除了聽覺、視覺，現場觀眾們的熱情，會影響整個氣氛，你的觸覺甚至嗅覺都會受到刺激。

不管怎麼說，在現場演唱會感受到的熱情、熱氣、氣氛，這些都是CD或DVD給不了的感動。

在發表你的讀書心得時，通常很難可以像演唱會那樣，給予聽眾大量的感官刺激。但是，與其胡亂增加感官刺激，不如利用視覺與聽覺製造情境、氣氛，加入提升融入感的點子，在正面意義上給予刺激，我覺得都是很不錯的方式。

例如，只有一個人一直說話，感覺會很無聊，那就加入影片，或是圖片，或者用看圖說故事的方式，不然就再找一個人搭檔，用類似相聲的方式呈現等。你越是在表達方式上下功夫，你的受眾就能接收到越多刺激，反應也會截然不同。

如何才能讓你的輸出表達可以有更好的呈現效果？如何才能讓你的受眾獲得最多的感官刺激？建議你可以朝這方面好好下功夫去思考。

5 要說得讓六歲孩童都能懂

當我自己要表達時，腦子裡總是想，如何才能讓對方很快明白我在說什麼？身為 YouTube 頻道的經營者，若我無法向觀眾分享自己讀過的書，那就失去我拍影片的意義。作者的理念，或是書中特別精彩的段落，我應該要透過影片傳達給觀眾，讓他們感同身受，這才叫分享。

以此為前提，在你要與他人分享你的想法時，必須注意以下重點：

1. 要說得讓六歲孩童都能懂

在第一章我有提到，愛因斯坦說過：「如果你無法解釋的連六歲小孩都聽懂，那代表你自己也不明白。」只是說明或解釋一件事情，誰都會，重要的是，你的說明必須真正掌握該事情的本質，並且讓別人聽懂，才有意義。

2. 能立即考慮到對方的職業或身分，給予相對應的舉例說明

當你要向某位特定對象分享抽象概念時，這是一種手段。例如，當你要向小吃店的人說明什麼是附加價值時，你可以這麼說：「以麵包來說，一塊麵包能賣多少錢，它的價格範圍大概不會有太大的起伏，因此很難提高麵包的利潤。但是，把麵包做成三明治的話呢？做成三明治，就可以加入雞蛋、生菜、鮪魚、罐頭鹹牛肉等多種配料。這就是附加價值。所謂附加價值，就是疊加許多要素，讓商品的價格高於它原本的價值。至於附加價值可以提高到什麼程度？以三明治來說，配料的等級高低，就是決定利潤多寡的關鍵。三明治的配料就是附加價值。」

如果你的對象是一名小學生，又該怎說才好？

你對一個小學生說：「一天讀書三十分鐘，持續一年的話，你就會變成優秀的人喔！」我想應該沒有小學生會理你。假設這位小學生有在練足球，你就可以換個說法：「如果你每天練習三十分鐘的挑球跟盤球，持續練一年，你就可以成為正式

球員了對不對？那持續一年、每天讀書三十分鐘也是一樣的道理。」像這樣，盡可能用對方能聽懂的方式表達。

既然已經明白要配合對方來選擇表達方式，接下來就要講表達的內容，這部分跟歸納式閱讀有關。

先說我自己，當我在分享時，我所講的內容大概有一半會是作者的理念、一半是我個人的感想。我並沒有精確的去測量到底各占了多少時間，內容分際也沒有特別明確。因為我是以作者在書裡所寫的內容為基礎，再加上自己的感想，然後用自己的方式說出來。

如果作者的想法剛好貼合我的個人感想，當然就沒有問題。以作者的想法為底，再加上自己的感想來延伸，讓整體內容變得淺顯易懂，也比較容易說。

我舉具體的範例來說明吧。有本書叫做《假說思考》（日文書名：仮説思考），作者內田和成，是美國雜誌評選為世界最具影響力的二十五名顧問之一。他在這本書想傳達的主旨是，「針對你目前在工作上遇到的問題去假設，然後依循假設找出解決之道」。他花費五個章節，就只為了說明這個主旨。

我覺得這本書所寫的內容非常傑出。「建立假設」，這個概念對於提升工作效率有多重要，我想應該無須多言。但是我想很多人其實不清楚，如何才能快、狠、準的做假設以及驗證。他特別針對如何找出問題的解決之道，列舉了許多案例來說明，讓這本書非常淺顯易懂。

作者透過這本書所要傳達的主旨，就是介紹如何假設，以及驗證的技巧等，當中最令我感興趣的部分是如何動腦以順利做假設。

追根究柢，到底要如何才能建立假設？要怎麼培養建立假設所需的靈感？我對於這部分真的非常感興趣。我自己的想法是：「面對問題要先假設，之後就懂得要做些什麼。不過最一開始以假設的角度介紹，觀眾應該會比較感興趣吧？」接下來我又想：「在影片裡面，我想要講一個『最容易產生靈感、建立假設的四個情境』這種主題。」像這樣，許多點子在我的腦海裡浮現，我也開始整理我想要輸出的內容。這就像把自己當作作者，用作者的視角來重新構築這本書。

當我用作者的視角重新回顧書本內容時，我想到書中有寫，「首先，在會議中或是小組討論時，最容易有靈感做假設」，這就可以用來當我的第一個情境。

下一個情境：一對一聊天的時候。這似乎也是一個容易有靈感的情境。一對一聊天與前面提的到會議，兩者的共同點就是，與人對話。在開會時，大家都會彼此討論，不管對象是誰，當你跟某人一對一說話時，注意力都會越來越集中，也就是說，是這份專注力，讓你特別容易冒出點子來解決問題。

我一邊想著我要在影片中介紹這些內容，一邊開始整理我要表達的內容。傳達訊息時，要將重點濃縮至三至五項，例如：

- 為什麼假設很重要？
- 如何假設？
- 如何執行假設？

雖說過程像是在自導自演，但我也確實將作者的主旨，與我自己的想法融會貫通，並且組織成一套屬於我自己的介紹法。

容我再提醒一次，傳達想法沒有對或錯。如果太鑽牛角尖，只想找出唯一正解，那麼即使套用我的讀書法，也無法做好。說得更明白一點，其實就是把自己當成那本書的作者，你要想：「如果我是作者，我就會這樣寫，這三項就是我要表達的重點！」

若你在閱讀時，有好好搭配2W1H原則，當你要將重點內容濃縮成三項要點時，你最後想出的結論，肯定也會是將原作者的理念融會貫通後的論點。順帶一提，要讓自己的表達內容更有說服力，自己幫這本書想一個新的標題，也是一個好方法，我自己也很常用這招。

以《假說思考》這本書為例，我覺得乍看假說思考可能有些難懂，如果是「根據大量資料思考VS假說思考」，這種有對比性的標題，是不是比較好懂？總之，試著打開自己的思考方式，讓想法多元一點。這些活化思考的動作，讓原本只是被動性質的讀書，變成動態性質的閱讀。

記住，表達的核心並不是作者怎麼想，而是你自己怎麼想。將作者的東西，與你自己想出來的東西融合，這才是最重要的。

6 你可以從工作手冊開始練習

前面提到，必須配合對方調整說話的方式及內容，還要注意一點，分享大眾通用且容易重現的資訊。

通用性，說得簡單一點，就是任何人都做得來的意思。舉例來說，假設現在提倡只要每週買一本書，就可以刺激人對知識的好奇心，對於想要刺激自己的知識好奇心的人，他要做的事情就只是買書，沒有任何特殊條件限制、誰都能做到。

不管是下班後繞去書店，或是在網路書店訂購，跟每週讀一本書比起來，買一本書的達成門檻比較低。你所要輸出分享的資訊是否具備通用性，會讓你的受眾留下完全不同的印象，效果也會天差地別，不可不慎。

另外一項重點就是重現性。通用性與重現性經常一起出現，因此很容易誤以為兩者意思差不多，但完全是兩個不同的概念。做同樣的事情就能得到同樣的結果，這就是重現性。

這裡的重現，我想用電腦當機的情況來解釋，會比較好理解。例如，「我就先這樣再那樣，然後電腦就當機了。我猜應該是出了什麼問題，但電腦已經當機了，我也不知道怎麼再做一次重現給你看……。」差不多是這種感覺。

什麼叫具備高通用性及高重現性的資訊？工作手冊就是最佳範例。只要有工作手冊，任何人只要照著做，就都能完成同樣的工作。

當你想要將你的閱讀心得分享給他人時，一定要思考你的內容，是否像工作手冊一樣，具備高通用性及高重現性。但若是太過鑽牛角尖、想太多，也容易陷入一個誤區，就是太過希望自己分享的內容，能帶來好的成效，也就是過度重視高重現性，結果反而拚命一直講重現性高，但通用性很低的資訊。

以我準備國家會計師資格考試的用功法為例。我其實第二次才通過考試，但這跟我原本計畫的一樣。我原本就打算，自己要用功讀書一萬個小時，再通過考試。當初第一次考試結束時，我的讀書時間還未滿一萬個小時，所以我也沒有特別注意到底是否及格。

至於為什麼會想要設定一萬個小時，是因為我從一開始要報考時就決定，要在大學期間報考，並在考第二次時通過。我照著自己的計畫讀書，最後也如我所願，在第二次報考時，以大學生的身分通過考試，之後就職於國際規模的大型會計事務所。聽起來像在自賣自誇，但這一切完全都照著我的計畫走。

因此，如果完全照我的方法做，雖然不敢說百分之百，但肯定會有很高的機率，可以通過國家會計師的資格考試，這我有自信。

我自認這應該是重現性非常高的資訊，但問題就出在通用性。基本上，我不知道世上到底會有多少人以國家會計師為目標？再者，對於一般民眾來說，這種資訊算得上通用嗎？我自己都要打個大問號了。

若是想成為國家會計師的人，應該就會比較感興趣，即便如此，實際要做到讀書一萬個小時，可是非常困難的。我自己是考生的時候，每天都是早上六點開始看書，直到晚上十二點。清晨醒來以後盥洗，快六點的時候就跑去咖啡廳讀三個小時，九點多再去國考補習班上課，然後待在教室繼續用功，直到晚上十點。補習班關門以後就走進麥當勞繼續讀，晚上十二點再回住處。這種生活就這樣維持了將近三年，全年無休、不分假日。

這種徹底改變生活模式的用功法，若沒有相當程度的決心，應該很難做到。但是以重現性來說，應該稱得上是高重現性了吧。

各位讀者又會如何評價我的用功法資訊呢？「想要成為國家會計師，似乎就該付出這麼多努力。照著同樣的方式做就能及格的話，確實是高重現性啦。但是這種近乎苦修的用功法，對一般人來說根本不通用嘛。」我相信絕大多數人都這麼想。

在傳遞資訊時，因為想要製造效果、引起對方的興趣，在選擇題材時，就很容易會陷入盲點，只顧著選擇聽起來很厲害、很有衝擊性的訊息。但是，若那些資訊都知易行難，你的聽眾最多也只是把你說的話，都當成聽故事而已。

可是，要怎麼判斷是否兼具高通用性與高重現性？重點就是，不選最好的，要選適合的。例如，從東京到大阪最快的方法是什麼？可以選新幹線、汽車、飛機，考慮到移動時間要縮到最短、中間的停靠站越少越好、轉機什麼的當然都不要，這樣看來最好的選擇，就是搭直升機。

於是當同事說：「我下次出差要去大阪，搭什麼去比較好啊？」你說：「直升機！」你覺得對方聽了會有什麼反應呢？除非是超級有錢人，不然一般人應該都會回你：「你在說什麼鬼話？」

直升機或許是最好的選擇，但是通用性超低，也不是每個人都可以想搭就搭。相較之下，具備高通用性且適合命題的選項，就是相對比較好的選擇。

像剛才的例子，選擇新幹線不好嗎？雖然會比搭飛機多花一點時間，但是通勤時間可以讓你在車上讀完兩本書，天氣好的話，出站後還可以稍微散步，也算是彌補坐長途車的缺點。再提醒一次，向他人輸出時，不能只看事物的一面，要從不同視角去探討各種面向。

7 五個容易引起他人共鳴的說書技巧

很多人很煩惱自己表達時的文字表現能力。

除非是職業作家或是寫手，否則一般人大概很難精準又巧妙的運用文字，而且過於咬文嚼字，反而會讓別人聽不懂你想要表達什麼。我建議，別在表現方式上鑽牛角尖，應該著重在傳達出你想說的重點，提升品質。

不過，充滿個人魅力的表現方式、順口好記的文字，確實能加深別人對你所說的話的印象。若是能用精彩的文字來分享，相信也會提升你的動力。

我個人非常喜歡蒐集有名人士的名言集，也會將名言錄、偉人格言存在手機裡，有空就會拿出來看，看到不錯的字句，就會想著下次拍影片的時候可以用。

我看過的名言錦句，累積起來少說也有上百、上千字。我在看的時候，也會小聲唸出來，然後我發現了一件事，這些打動人心的名言、能讓人印象深刻的文字表現，其實都可以分門別類。每個人的思緒走向、文字的發音、語調及口氣、慣用句或成語等，都是在無意間融合許多要素，然後自然形成了各具特色的形式。

以語調來說，日本人應該最熟悉日語的五七五格律（按：由五、七、五，共十七個日文音組成），也就是俳句。日本幾乎大多數的標語，都是依照五七五格律來撰寫。不過，五七五格律也只是眾多形式之一，其他還有很多種好記又響亮的形式。

接下來，我想介紹我自己分類篩選出來、會打動人心的文字方式，以及其特徵。將這些學起來，相信你會對口語表達更有信心。

1. 反差

將意義相反的兩個詞彙擺在一起，形成對比。

- 《富爸爸，窮爸爸》（*Rich Dad, Poor Dad*）（羅勃特・T・清崎〔Robert T.

Kiyosaki〕所寫的暢銷書書名）。

- 「事件不是發生在會議室，而是發生在現場！」（日劇《大搜查線》）。
- 「人不是因為快樂才笑，而是因為笑了才會快樂。」（心理學家威廉．詹姆士〔William James〕）。

請特別注意威廉．詹姆士的名言。其實光看到後半句，就已經可以充分表達威廉．詹姆士的理念，但是前半句先提到，「人不是因為快樂才笑」，大家就會想「為什麼？」、「這是什麼意思？」如此引發讀者的興趣，也提高了聆聽的意願。

在說出真正的主旨之前，先引起聽眾的注意及興趣，也是一種表現手法。

2. 重複

重複出現同樣詞彙，給予讀者或聽眾留下強烈印象。可以是重複使用某個關鍵字，或者是配合語調、節奏，讓關鍵字詞不斷出現。

- 「我認為應該要有人行動，而我想成為行動的那個人。」（田徑運動員卡爾．路易士〔Carl Lewis〕）。
- 「如果你不思考未來，你便不會有未來。」（福特汽車公司創始人亨利．福特〔Henry Ford〕）。
- 「努力！用功！這才叫做天才！」（日本細菌學家野口英世）。

野口英世的名言是重複急促的口氣，這也會讓聽眾容易留下印象。如果用普通的方法說，這句大概會變成「努力與用功才能創造天才」，太過平鋪直敘，反而讓人聽過就忘。使用驚嘆號來營造急促口吻的感覺，讓聽眾好記又印象深刻。

其實這句還有下半句：「比任何人還要努力三倍！四倍！五倍的人，才叫做天才！」常成功的讓人留下「天才都這麼努力啊」的印象。

3. 比喻

特地舉例來強調表達重點。「就像是～」、「例如～」，這種一目瞭然的方式叫做明喻；而故意不講明、強調意會的方式，就叫做暗喻。

明喻及暗喻跟反差一樣，利用文字的組合搭配，提升你的說服力。

- 「淚水是人類所能製造的最小海洋。」（日本劇作家寺山修司）。
- 「所謂的領袖，是帶給別人希望的存在。」（法國軍事家拿破崙・波拿巴〔Napoleon Bonaparte〕）。

使用了比喻的文字，容易讓人覺得你很有文學氣質。當重點放在訴諸情感的場合時，使用比喻法會比較適合且有效果。

4. 肯定句

主講人用肯定的語氣描述事實，不管實際上到底如何，都會讓人覺得他的主張很明確，聽眾也會更集中注意力。

- 「最美的畫就是明天畫的畫。」（藝術家巴勃羅・畢卡索〔Pablo Picasso〕）。
- 「巨人軍永遠不滅。」（日本職棒選手長嶋茂雄）。

第二個例子是日本職棒選手長嶋茂雄在引退儀式上留下的名言，肯定的語氣更增添了儀式感。不滅兩個字非常簡潔有力、具有說服力，若是用「我們巨人軍是永遠不滅的存在」，就一點都不吸引人。

5. 情感

直率的情感表現，最能煽動聽眾情緒。但不是大聲就好，也不能講歪理，重點是投入大量的感情，讓聽眾感受到你的熱情。從另一個角度來說，多少也有「展現自我、尋求認同」的意義。

- 「煩惱吧！人不煩惱的話什麼也做不了。」（本田技研工業創辦人本田宗一郎）。

● 「謝謝困境！」（日本男子網球員松岡修造）。

「人不煩惱的話什麼也做不了。」正是本田技研工業創辦人本田宗一郎的名言。訴諸情感時，與其用自己的話，不如直接照書裡所寫的句子說，說不定剛好契合你想表達的情境。

看完以上幾點覺得如何？或許你會覺得，如此淬煉的文字，靠自己大概想不出來。但是，讀了以上五點後，我想你應該已經知道，能打動人心的文字、表達方式或口氣，其實都有一個形式可以仿效。誠摯推薦你參考這些技巧，讓你的表達也能打動人心。

高所得者的高效閱讀法

- 表達是最能展現學習效果的用功法之一。
- 根據學習金字塔圖表，透過教導別人，可以讓自己的知識保持率達到九〇%。
- 傳達想法要分三次，每次十分鐘。
- 準備內容時，要親手寫筆記。
- 自己一個人練習時，可以當作是在練習一個人的簡報。
- 你的說明要以「六歲孩童都能懂」為原則，且記得要配合對方的職業或身分調整說話方式，會更有效果。
- 要將作者的主旨，與自己的想法交互融合，組織而成的結論才是你的讀後心得。

◆ 想要引起對方興趣，選擇題材時，不能只關注重現性，更要注重通用性。

◆ 利用反差、重複、比喻、肯定句、情感五個小技巧，讓你的聽眾更願意聽你說。

第 5 章

這不是功課，而是生活的一部分

1 晚上，我一邊吹頭髮一邊讀書

事業有成、擁有高收入的人，都熱愛閱讀，無一例外。這點我在第一章開頭就已經提過，相信各位都還有印象。接下來，我再更具體的介紹，這些優秀人士的閱讀量到底有多龐大。

根據「企業管理學位」之調查，美國的富裕階層當中，有八八%的人，一天會閱讀三十分鐘以上的商業書；根據日本雜誌《PRESIDENT》之調查，在日本年收入達一千五百萬日圓的人當中，有三四．六%的人，每個月會閱讀四本以上的書籍。

看到這些數據後，是否開始感嘆，自己根本不可能擠得出時間來讀這麼多書？如果學會並習慣我的讀書法，讀一本書就只要三十分鐘。當然，凡事起頭難，尤其原本沒有閱讀習慣的話，初期執行時可能會不太順利，但閱讀就是需要花時間累積。看到這裡，或許有讀者又會開始消極想著，「自己根本做不到」，但我想說，沒有什麼不可能。就算是一般的上班族，都可以安排得出每日閱讀的時間。

訣竅就是，**不要把閱讀當成是一種任務，而是要讓它成為你生活的一部分**，讓我來告訴各位，我是如何安排生活作息，讓自己維持每天讀兩本書。

每天早晨醒來之後，我會先盥洗，然後一邊喝果汁、一邊打開筆電或用手機回信，在處理這些簡單的工作時，腦袋會越來越清醒，接下來我就會開始看書。「喝完果汁後閱讀」，就是我的早晨儀式，是我非常習慣的作息。

這個就是利用「if-then 條件運算式」的概念，讓腦中建立起做了這個之後，就要接著做那個的意識，讓大腦與身體自然而然養成習慣。

外出時，坐車、去咖啡廳、用餐等場合，只要有空，就把書拿出來，讀多讀少都好，先把握時間。要像反射動作一般，有空檔就會拿書出來翻。記得，把書從包包裡拿出來時，就要把手機收進包包裡，不然要是跳出訊息通知，你就會忍不住想滑開手機。

想要建立閱讀習慣的人，非常推薦你在空閒時間，把手機收進包包後看書這個方法。畢竟是空檔時間，頂多二十至三十分鐘暫時不處理公事，在這麼短的時間，也很難發生什麼天翻地覆的重要大事，除非是要利用手機的計時器功能，訓練自己提高閱讀時的專注力，不然還是把手機收起來比較好。利用手機提高專注力的方法，後面會再介紹給大家。

話題再回到我的閱讀習慣。

早上有閱讀時間，晚上當然也有。通常我洗完澡後，一定會坐在桌子前，一邊吹頭髮、一邊讀個十分鐘左右的書。或許一般人大概都是吹完再去看書，但我把閱讀塞進吹頭髮的流程裡，變成一種屬於我個人的儀式。最後，到了接近就寢時間，我會再度坐到桌子前繼續閱讀，讀到有睡意之後，就把書帶進寢室，然後看到睡著。

這就是我的生活閱讀作息，建議大家也可以培養屬於自己的生活閱讀作息，但要注意兩項重點：

1. 把閱讀融入生活作息中。
2. 空檔時間一定要把手機收起來、拿書出來讀。

第二點我想應該不用多說，照做就行，但我想再多說明一下關於第一點。

對於堅信自己根本沒有時間去建立個人儀式、尤其自認早上絕對不可能起來讀書的人，我誠摯建議你試著提早三十分種起床，然後在吃完早餐後，花個十到二十分鐘讀一下書。

不要想著早餐、閱讀，這樣會是兩件事，而是要想著「早餐＋閱讀」為一組，是你生活中自然而然的一件事。

早餐要去咖啡廳比較有儀式感，但是在家裡吃也沒問題，但如果待在家裡容易怠惰、提不起勁翻開書本，我會建議還是去咖啡廳。若是建立起「咖啡廳＋閱讀」的習慣，那麼去咖啡廳、點餐、找座位坐下、閱讀，就會變成一氣呵成的動作模式，習慣之後，也就融入到你的作息中了。

前面有提到，我當年準備國家會計師的考試時，每天早上六點就開始讀書到晚上十二點。早上六點到九點，我會到一家叫做「veloce」的咖啡廳，那段時間我真的是天天報到。我都坐在二樓最裡面的座位，點冰紅茶及雞蛋三明治，一邊吃一邊滑手機，吃完後就開始用功讀書。

就這樣日復一日、不厭其煩的進行相同的作息，直到考試結束。對我來說，因為我很堅定我的目標就是要考上國家會計師，所以我認為考生的生活就是要這樣日復一日、毫無變化，也由於這些行為已經變成生活作息的一部分，所以就不會有抗拒感。

融入日常作息、成為生活的一部分，就是有這麼強大的功效。

我那有如苦行僧般的考生生活，一般社會人士應該很難達成，不過我想強調的是，建立習慣的重要，誠摯建議各位就從自己力所能及的部分，開始踏出第一步，讓閱讀習慣融入自己的生活。

2 我的包裡固定放兩本書

我經常覺得，日本上班族普遍都不夠用功。

在以嚴苛出名的體育界中，據說職業選手們的訓練時間幾乎占了八〇%，上場則占了二〇%。比賽就是職業選手的工作，為了應付正式比賽，分配八〇%的時間用於練習，是很正常的事。例如，職棒比賽一場是三小時的話，練習時間就需要十二小時。

換成一般上班族的話，又如何？對上班族來說，想要有亮眼的好表現，平常所能做的準備功夫，應該就是用功閱讀。一天的工作時間是八小時，為了要在這八小時中有好表現，你覺得應該投入多少時間準備？

根據二〇一九年日本國立青少年教育振興機構的調查顯示，五千名二十至六十歲的人當中，約有五〇％一個月幾乎讀不到一本書。這個數字很驚人吧。我想其中上班族應該占多數。相較之下，同樣是處在講究專業的領域，運動選手們的訓練意識比上班族要強大很多。

或許，在那五〇％的人當中，有些人是原本有打算閱讀、甚至書都已經拿在手上，但是因為缺乏動力，到最後又不了了之。

如果已經明確知道，自己非讀書不可，就會有強大的動力，促使你把手上的書讀完。但是大多數人都是因為工作需要，才逼自己閱讀，這樣的動力來自於外在壓力，而非自己的意願。

那麼該怎麼做才好？維持動力的方法，就是思考自己想要成為什麼樣的人、想要實現什麼事，然後將自己的人生目標化為文字，具體的寫在紙上，再貼在你每天都看得到的地方。

伴隨著年歲漸長，人生目標或許會有所改變。我認為可以設定短期、中期、長期目標，例如一年後、五年後、十年後再檢視當下，要修改或調整都沒有問題。將你的夢想或理想刻劃在腦中，每當看見自己寫下的目標時，就是一種提醒。追尋自我成長、實現夢想的上進心，也會成為你閱讀的動力。

除了像這樣寫座右銘般提醒自己的方法之外，在生活中建立起閱讀的儀式感，也是一種方式，就是我前面提到的，讓閱讀變成生活的一部分。其實，將讀書變成日常的一部分，是我最推薦也是我認為效果最好的方法。不過，要是連維持動力都有困難的話，將閱讀融入生活，恐怕會是一道更艱難的門檻。

這種時候我推薦換個地方閱讀。我猜想，那些很難維持動力的人，是否都覺得要待在家裡，才能靜下心來專注閱讀？大錯特錯。有人的確是待在家，才可以好好閱讀，但也有人相反。其實在哪裡都可以，沒有一定要待在家。

我自己是不管待在哪裡都能閱讀的人，咖啡廳、車站、餐廳等，不分場地，我都可以拿起書來讀。另外，《最強大腦學習法》提到，在不一樣的環境中閱讀，能夠記得比較久。

對於原本沒有閱讀習慣的人來說，要特意在家裡製造一段專心讀書的時間，一開始會很難。因此，不妨隨身帶本書、利用生活中的空閒時間，培養把書拿出來讀的習慣，我想這樣會比較容易執行。

身為國家會計師，我在工作時，經常會需要長時間搭車，因此，我的包包裡固定會放兩本書，一有空就會拿出來看。就算只讀五分鐘、十分鐘都無所謂。只要習慣了，「無法維持閱讀動力」，這個問題也會在不知不覺中消失。

增加閱讀時的樂趣，讓看書與快樂的事物產生連結，也是很有效的方法之一。例如，在咖啡廳享用美味的甜點，搭配一本好書；在有美麗夜景陪伴的地方讀書。什麼都好，讓所有能讓你感到開心、愉悅的事物，都與閱讀組成一個套組吧。想到閱讀，就會一併聯想起快樂的心情，閱讀就會變成令人值得期待的事。

過去一直受挫的人，請務必試試看這些方法。

3 乘法思維，讓你成為萬中選一

今後，數位科技與ＡＩ智慧會越來越進步，據說未來白領階級的工作，將有五〇%會被ＡＩ智慧取代。事實上，每當一項新科技的問世，就會讓這個世界又減少一個職業。最近的例子，就是自動剪票口，車站再也不需要剪票員，而ＡＴＭ及電子支付的興盛與普及，讓銀行也減少開設分行數。

不過，未來的變化，據說不僅只於此。以往的變化，大概就像是房屋改建，矮房變高房、設備變得更新穎、技術層面提升，然而未來的變化規模或許會超乎想像，可能不只是房屋改建這種程度而已。當ＡＩ智慧逐漸搶走人類的工作，唯有真正強化、強調本身差異性的人類，才能保有容身之處。

一般我們所說的人才，通常是指本身擁有別人所沒有的技能，或是別人模仿不來、望塵莫及的程度。但這樣的人才太罕見，甚至少到會被冠上天才的美譽。

大家都覺得，天才肯定是受到上天的寵愛，才擁有異於常人的才能，例如業務之神、企劃天才等，相信各位的公司裡，應該都會有幾位這般優秀的人士。但是，未來潮流的發展趨勢，有可能反而讓這些優秀人才越來越無用武之地。比如，公司改用AI智慧來調查所有往來企業的相關情報，並預測企業未來的營收走向、參考大環境數據，再依照精細分析，計算出最適合的提案企劃或報價單，然後直接發送給客戶。若客戶也採用AI智慧，一樣依照各項數據資料，進行精細分析與計算，最後應該也能篩選出，最適合自家公司的企劃案或報價。但這樣一來，就完全沒有人力可以介入的空間了。

畢竟AI智慧不會受到人類情感或社交等因素影響，一旦這種情況變成社會常態，幾乎大半以上的上班族都要面臨失業危機了吧。若是真的變成那樣，人類又要怎麼做才能生存下來？在此我要提倡並分享一個想法，也就是乘法思維。

讓自己在複數個領域中，成為百分之一的人才，再配合乘法思維，最後讓自己變成萬中選一的超級人才。這裡要說明一下，我所謂的百分之一，是指在該領域的表現比一般人出色，並擁有一般人無法輕易模仿的技術。

將乘法思維套用在我身上來說，我擁有國家會計師的資格就已經是百分之一，畢竟很少人擁有這個資格。後來我辭去國際會計事務所的工作，以創業者的身分投入教育事業。我仔細想了想社會上獲得一定成績的創業者的人數，自認在創業這個領域中，自己也算得上是百分之一。

在創業之後，我又想挑戰開發業務、精進簡報演說能力，身為創業者，這些都是必備武器。於是我投入心力拍攝與業務、簡報等主題相關的影片，累積至今，也算是有上得了檯面的成績。在這個領域，就當作我也有達到百分之一這個目標吧。

創業、拍影片、接著還出書……將上述這些百分之一加乘起來，我覺得自己簡直就是百萬分之一的人才了。

為何我如此推薦各位努力成為百分之一？理由有兩個。第一，只要願意付出相當程度的努力，並不難達成百分之一的目標。以體育界來說，萬中選一，大概是要成為奧運代表選手的程度，這談何容易。對於上班族的職場競爭來說也是一樣，不論是業務也好，企劃也罷，要想成為萬中選一，只是埋頭努力根本不夠。

事實上，當我還在會計事務所工作時，一起共事的工作夥伴，他的職等對應一般企業，差不多是高階主管級的幹部。他當時年僅三十五歲，是所有人之中最年輕的。他頭腦優秀到令人望塵莫及。例如，當發生了一件課題，我與眾人經常絞盡腦汁、再三思考，才生出兩、三個解決方案，但是他可以在很短的時間內，就想出一百多個解決方案，甚至還都可以一一建立假設，針對細節也都能詳細說明。

不管我怎麼想，都覺得自己根本不可能與他抗衡。想要成為萬中選一，就是如此的嚴苛殘酷。所以我改變想法，將目標轉變成，「成為多種領域的百分之一，加乘起來就會變成萬中選一的人才」。選擇這套思維的人不只有我，很多有名人士也用這套思維。

日本的搞笑藝人組合「KINGKONG」的成員西野亮廣，他在演藝領域已是百分之一，後來以繪本作家的身分，出版了繪本，跨足出版領域也成為了百分之一。兩個領域的加乘，就已經讓他成為萬分之一的存在了。而後他經營線上沙龍（按：付費制的線上交流平臺），成績亮眼，又是一個新領域的百分之一，加乘後的結果，西野亮廣可說是百萬分之一的超級人才。

另外像日本的讀心師松丸大吾，他在心理學的領域是百分之一；參加電視節目，在演藝圈也成為百分之一，兩個領域加乘起來就是萬分之一。松丸大吾還有出書，在出版的領域也是百分之一，加乘起來就是百萬分之一了，而他又跨足 Nico Nico 平臺（按：類似 YouTube），成為該平臺的影片創作者，如此又是一個百分之一。將松丸大吾全部的百分之一全加乘起來，他簡直就是億中選一的稀世奇才。

我真正想說的是，面對未來局勢的激烈變化，利用閱讀，讓自己擁有跨足多領域的能力，並成為該領域的百分之一，我認為這件事很重要，也希望各位能重視。

只在一個領域成為百分之一，能加分的範圍有限。但是不停累積各個領域的百分之一，就像兩點就能成一線（萬分之一），三個點就能連成三角形（百萬分之一），四個點就能連成正方形（億分之一）……點越多，連成的形狀面積就越大。最後連起來的面積，就代表著你的可能性，同時也會變成這個社會對你的需求度。面積越大，自然也就意味著你在這個社會的不可取代性越高。

我認為在未來世界，想要擁有能與AI抗衡的能力，這個乘法思維是非常有幫助的利器。畢竟AI應該不太可能有這種發想。

我在第五章最後，會介紹九種領域的書籍，各位可以從中選擇自己感興趣的主題，或是原本就很擅長的主題也行，總之選書來閱讀，然後激勵自己，要在這個主題領域登峰造極，持續閱讀下去，肯定會獲益良多。

就我自己的感覺，讀上三十本的話，距離百分之一就很近了。但我還是要不厭其煩的再說一次，除了閱讀，更要藉此同時鍛鍊思辨能力。漫無目的、茫茫然的閱讀、讀過就忘，如此要達成百分之一，會非常困難。

若你目前是業務，則可以看書強化自我，在業務領域成為了百分之一；之後考量到約客戶餐敘時，美味的餐廳會是很好的助攻，於是努力在美食部落客這個領域也成為百分之一，這樣加乘就是萬分之一；再考量到席間與客戶聊天時，會聊到經濟相關的話題，於是也努力鑽研、蒐集資訊，若是在經濟分析的領域中也成為百分之一，加乘下去，就也成為百萬分之一的人了。

閱讀，讓你更能了解美味名店的祕辛、業務上的說明更得心應手，甚至分析經濟時都能說得頭頭是道，這樣的話簡直堪稱超強業務。不只不要輸給ＡＩ，也不要被周遭的競爭對手給比下去，將乘法思維套用在閱讀上，讓你如虎添翼。

4 番茄鐘工作法，讀書更專心

想要提高閱讀成效，關鍵是專注力。

我想已經在工作的人應該都有感，例如要寫企劃案的時候，全神貫注與思緒分散，兩種狀態下寫出來的企劃案，成果可說是天差地別。

全神貫注的狀態下，短時間就能寫出人人稱讚的企劃案；思緒分散的情況下，或許最後還是能寫出頗具分量的企劃案，但很大機率，別人根本看不懂企劃案的內容到底在寫什麼……也就是抓不到重點。

雖然與腎上腺素所帶來的效果不一樣，但是專注力也能讓人發揮出優於平常的潛力。閱讀也是相同的道理。待在家裡，有兩個小時可以翻閱書本，但一邊讀一邊滑手機、喝個水吃點東西、走來走去……其實這樣還不如坐車通勤時的十幾分鐘空檔、或者下班後去咖啡廳坐一下，在專注的狀態下閱讀，記憶成效才是最好的。

當我需要為自己創造一個可以提高專注力的環境時，我會使用「番茄鐘讀書法」。這是訓練自己在有限的時間內，建立專注力並完成事情的一種技巧。

比如，準備考試的備考期，與正式上考場當天，哪一種情況下的專注力會比較高？撇除過度緊張導致腦袋一片空白的特殊情況，通常都是考試當天的專注力會比較高。模擬考試當天的情景來訓練專注力，這就是番茄鐘讀書法。

這在心理學又稱為最後通牒效應，當人們感覺自己被時間追著跑時，專注力就會大幅提升，番茄鐘讀書法就是利用這種心理。

我有下載一個叫做「專注清單」的免費 App，自此之後，我的手機就像一臺計時器。例如，在兩個既定行程之間，有一個小時的空檔，可以讓我去咖啡廳坐一下、讀個書。當進入咖啡廳坐定位後，我就會在手機上設定計時三十分鐘。因為三十分鐘後，手機就會響起提醒音效，所以在這期間，我必須專心閱讀。為了避免疲勞，看完書後，我會設定五分鐘休息時間，當然也是透過手機設定。將閱讀時間與休息時間視為一組，如此重複，達到限定時間閱讀與限定時間休息的循環。

時間長短可以因人而異，並沒有強制規定一定要多久。對於本身專注力就較差的人，建議可以從十五分鐘開始。根據東京大學的池谷裕二教授的實驗，以十五分鐘為單位，來進行階段性學習，能有效維持高度專注力。

以搭電車來說，若是先決定好要在哪一站下車，在到站之前的專注力反而會自然提高。我也很建議各位可以當成挑戰遊戲一般，不要透過外力，試著自己來設定時間，體驗看看番茄鐘讀書法的效果。

5 我理解和我知道，是完全不同的事

近年來，上網查資料已經是很普遍的事。但是我認為，透過電視、網路、閱讀所獲得的資訊，這三者在本質上都是不相同的東西。坦白說，我其實並不信任部落客在部落格上發表的資訊。主要原因是有很多都是第二手、甚至第三手資訊。

最近關於智慧財產權、著作權的查核越來越嚴格，已經很少見到部落格的文章，會將書裡的內容一字不漏、全盤照抄的情形，但也正因為如此，很多部落格寫手只能憑藉模糊的記憶來寫文章，甚至還會加油添醋、加進寫手的個人意見，最後完成的文章，已經跟原作者想法相去甚遠。我也看過不少部落客的論述與原作者主旨大相逕庭，甚至已經是兩篇完全不同主題的文章。

部落格的文章也不會經過專業的校對或驗證，無法保證文章內容是否正確。但出版書籍不一樣，作者本身很認真寫，再經過編輯的校對、查證，呈現在大眾面前。**經過層層把關才能出版的書籍，與不用負責任的網路文章相比，哪一邊比較可信，應該不用我多說**。

不過，網路也有著無可替代的優點，那就是快速傳閱的方便性。針對近期發生的事件、話題，透過網路就能迅速了解背景緣由、大意、甚至往後的發展推論，這些資料若要透過書籍，就真的太費時也太慢。我認為慎選消息來源，選擇值得信任的媒體，尤其選擇具有公信力的網路新聞平臺，會比較適合。

基本上，**理解與知道是兩件完全不同的事情**。任何事物都一樣，必須透過正確的學習過程來獲取知識與資訊，進而理解事物的本質，這才是王道。以新冠肺炎為例，應該就很好理解。在網路上一查，除了專業人士的見解，還有完全不了解病毒卻發表個人意見的名人，甚至搞不清楚狀況的一般民眾也會發表言論，網路上就是充斥著真假難辨的資訊文章。

若只是單純看這些網路文章，根本無法了解新冠病毒是什麼？病毒的特性又是什麼？為什麼一旦確診就會很危險？這些重要卻基本的知識，單憑網路根本很難釐清何者才是正確訊息。

這種時候應該好好讀專家所發表的文章、書籍，閱讀真正專業且經過查證的內容，才是真正有效的方法。唯有先掌握了正確知識，再透過網路去搜尋今日新增確診人數有多少、今後的防疫政策走向等訊息，才不會像無頭蒼蠅。

我認為閱讀與上網，應該要分開利用。話雖如此，在閱讀時，善用網路的優點，也能獲得很好的效益。例如，透過網友書評、網站介紹、圖文影音等資訊，來幫助自己選擇、理解書籍。

儘管覺得要好好把書讀過，才能真正理解其內容，但難免還是會讀到艱澀難懂的書籍，這種時候，與其一個人埋頭苦讀，透過書評、網站介紹或是賞析影片的輔助，反而能比較快開竅。

讓我自賣自誇一下，在我的 YouTube 頻道，不管是多艱澀的書，我都能用十分鐘左右的影片分享賞析與解說。在我已經上傳的影片中，也不乏有內容長達三百多頁、內容專業度極高的書籍。這種書籍若是沒有配合導讀，光靠自己應該會讀得非常辛苦。但是，就算是這麼難懂的書，只要透過我的影片來幫助你理解二〇％，你就等於掌握了該書的八〇%。這正是我提到不只一次的柏拉圖法則。

你都花錢買書了，卻因為讀不懂而把書丟到一邊，這樣不是很浪費嗎？不如透過其他輔助，先了解局部。另外，也有讀者是先看完了賞析與解說，回頭再讀時發現自己開竅了，一點就通。

要我來說，這可能就是一種逆向思考。學生寫評量跟考古題時，先看題目後解題，跟先看解答再回頭解題，是不同的思考模式。使用逆向思考來解題，乍看或許會覺得是邪門歪道，但這其實對解開難題非常有效。

一直糾結在想不出答案的難題上，只是白白浪費時間，不如換個角度，先去看解答，進而思考為什麼題目會這樣出？答案又是如何推導出來的？從結果反推問題，原本卡住的思緒就會豁然開朗。

同樣的道理，面對艱澀難懂的書籍，就先去看說明，再從逆向角度重新閱讀該書的內容，一定會有不同的感受。這個方法對於人生卡關等層面也很有用。

網路與閱讀並非敵對。最重要的是，要用正確的心態判斷、不輕易混為一談。希望大家都能明白兩者的差異，擇善使用，才能發揮最大效益。

6 人生就此改變！超推薦必讀的三十本書！

在此向各位推薦的這三十本書，是我從至今閱讀將近五千本書籍當中精選出來，我認為特別容易讀、又能有效鍛鍊思辨能力的好書。

若能將這三十本書的內容融會貫通，相信即便是疫情嚴峻的時代，也一定能幫助大家在未來找到屬於自己的生存之道。

以下九種類型、三十本精選好書，希望能帶給各位良好的閱讀體驗：

1. 商業、財金

- 《企業家爸爸給兒子的三十封信》（*Letters of a Businessman to his Son*，作者：金斯利．華德〔G. Kingsley Ward〕）

作者身為特許公認會計師，同時也是擁有七間成功企業的經營者。他以一個父親的身分，將他畢生所學到的成功經驗與知識技巧，全部傳承給他的兒子。書中收錄相當多名言錦句，例如，「人生只有一次，盡情去挑戰吧！」、「工作切忌一個人埋頭苦幹，團隊合作才能成功。」等，推薦給所有投身在商業界奮鬥的人。

- 《二十五句話，送給年輕上班族的你》（作者：佐佐木常夫）

作者面對人生中接二連三的困境，最終靠著努力與毅力一一克服。作者不只經歷豐富，更是商務界的專業人士。透過本書，他與讀者分享如何擁有面對困境的智慧，以及強大的社會生存術。我在閱讀這本書之後，深感「要有堅定的志向，才能讓自己活得堅強，也才能學到真正的一技之長」。

- 《想想未來的你想要做些什麼工作。你可以擁有第二人生》（作者：Chikirin）

這是日本人氣部落客 Chikirin 的著作。人類已經進入人生百年時代，一生的時間變得更長了，在這漫長的人生當中，自己真正想做的事情究竟是什麼？

本書主旨是要鼓勵讀者去思考，自己想要怎樣的工作方式、過什麼樣的生活。跳脫既定觀點，試著從多元的角度來看待工作的方式，可以激發出很多想法。

・《關於人生，我這樣投資》（作者：藤野英人）

作者藤野英人是享有盛名的頂尖基金經理人。這本書不是教你如何成為投資人，而是分享「機會都藏在哪裡？」、「如何提升自己的市場價值？」告訴你如何像投資人一般思考。想要徹底改變思維、擺脫受薪階級束縛的人，推薦必讀本書。

2. 心靈成長、潛能啟發

・《你怎麼想最重要》（*52 Things You Can Do To Raise Your Self-Esteem*，作者：傑瑞・明其頓〔Jerry Minchinton〕）

出版發行長達十八年以上，總銷售量超過一百萬冊的知名書籍。內容正如書名，介紹一百種思考模式。這本幾乎可以說是讓你也成為人生勝利組一員的祕笈。

書中收錄「放過自己」、「不將自己與他人做比較」等，充滿了強化自我肯定感的正面詞彙，給予讀者強大的正向力量。

• 《成功的技術》（作者：原田隆史）

這本書連 UNIQLO 創辦人柳井正都大力讚賞。本書就是一本教導讀者如何成功的教戰手冊，除了條列化、規則化成功的要素，我對於「成功是一種每一個人都可以學會的技術」，這項論點非常感興趣。如果成功真的是一門人人皆可學會的技術，這該有多麼激勵人心。

• 《勇氣圖鑑》（作者：大野正人）

本書收錄了許多世界知名人士也曾犯下的失敗案例。以十歲孩童也能看懂的圖文形式，像是說故事一般，來探討世界名人的失敗事蹟，不論大人小孩來看，這都是一本淺顯易懂的好書。

所謂的成功者，其實都曾失敗過。害怕失敗而裹足不前的人，絕對不可能成功。非常建議參考本書所收錄的失敗案例，學習名人們從失敗中站起來的勇氣。

- 《不反應的練習》（作者：草薙龍瞬）

人生在世，總會有許多煩惱，而想要從根本解決這些煩惱，唯一的方法就是不做無謂的反應。作者認為，「只要你的心不隨之起舞，煩惱就會消失。」在書中，作者也提倡將注意力回歸在自己身上、不要在意他人的眼光等觀念，適合追求心靈平靜的人。

3. 表達能力（寫作能力、談話技巧）

- 《別再用錯你的腦》（作者：Chikirin）

日本人氣部落客 Chikirin 的著作。讀過本書後，我再一次深刻的感受到，在這個資訊爆炸的時代，如何才能不被假訊息所騙、要用自己的大腦思考，是多麼重要的事情。閱讀本書，可以獲得許多嶄新的觀點。

・《交涉力，能扭轉情勢的表達方法、思考模式》（作者：橋下徹）

作者橋下徹是前大阪府知事、大阪市市長。在本書中，我們可以看到領導四萬八千名職員、位居高位的他，如何展現高超的交涉技巧。書中介紹許多實用的交涉手段。如何才能貫徹自己的主張？該妥協到什麼程度才安全？讀來令人躍躍欲試。

・《會賺錢的人，說話永遠二選一》（作者：金川顯教）

是的，就是我所寫的書。在本書中，我盡可能介紹我所知道的致富語法，例如，「會賺錢的人，不論提問或回答，說話永遠都是二選一。這是為了不要讓對方有多餘的思考與搖擺不定。」除了方法之外，我還會分析自己看過、聽過會賺錢的人所說的話，將所有實證、有效的重點都羅列出來。

・《打電話就賣三億》（作者：淺川智仁）

光靠打電話，就創造了三億日圓的傳奇業務員淺川智仁的著作。業務這個職業，本質就是「不管發生什麼事，業績至上」，只要能多賣一個、多成交一筆，業績治百病。本書不只傳授創造高業績的心法，也重新定義何謂正確的工作態度。

4. 人際關係（主管、部屬、領導才能）

・《傳說的新人，十個差異，讓你在二十歲就能出人頭地》（作者：小宮謙一、柴垣樹郎）

書中蒐集了被稱為是傳說等級的強者之共同點。若你正值二十多歲，非常推薦你一定要讀這本書，你的人生將會因此而改變。普通人與足以成為業界傳說的人，兩者之間僅有些微之差，然而就是這些微之差，卻會帶來截然不同的結果。我也好希望我在二十多歲時就能讀到這本書。

・《錄用標準》（作者：伊賀泰代）

作者伊賀泰代，曾任麥肯錫日本分公司首位專職人力資源部長。麥肯錫是世界聞名的管理諮詢顧問公司，但本書並不是專門介紹麥肯錫企業的用人準則，而是闡述「未來這個世界需要的是這種人才」、「擁有什麼樣的技能才能出人頭地」等，所有上班族都應該要讀的重要好書。

- 《統與御》（作者：落合博滿）

本書作者落合博滿，是日本職棒的有名選手、有名教練。縱橫日本職棒界三十年，他如何不斷成長？如何帶領球隊獲得勝利？他對於人生及領導團隊的獨到見解，將令讀者獲益無窮。

5. 會計、稅務（記帳、財務報表、計算）

- 《八十分鐘就出師！「神速」財報入門》（作者：金川顯教）

這本是我以國家會計師的身分所寫的會計入門書。書中使用插圖來進行圖文解說，日常生活也適用，完全沒有艱澀難懂的內容。覺得自己很不擅長數字的上班族們，誠摯推薦此書。

- 《數字力就是賺錢力》（作者：古屋悟司）

作者古屋悟司，原本是開花店的。他自立創業，在努力經營下，花店的年銷售額高達一億圓。這樣的他卻因為看不懂財務報表，而年年赤字。於是他認真學習會計知識，修正經營方針，終於轉虧為盈。本書將說明「數字力就是賺錢力」，懂會計才能真正賺到錢。

- 《賣晾衣竿的小販為何不會倒？懂點會計很有必要》（作者：山田真哉）

這本是日本熱賣長達十年的暢銷書籍，作者山田真哉也是一名國家會計師。本書從日常生活中的小問題當入門，學習會計知識。在商業金融的世界中，人人都應該具備會計的相關知識，但我相信也有很多人對會計感到棘手。推薦閱讀本書，讓你更能掌握會計的本質。

6. 時間管理、效率化

- 《不會後悔的超級選擇術》（作者：Mentalist 松丸大吾）

作者松丸大吾，是日本第一的讀心師，他在演藝圈、出版、影片經營等方面都有傑出成績。他也是我非常喜歡的作家之一。本書的主旨是，「每個人都希望自己做出百分之百正確的選擇，其實根本不存在這種選項。不要執著於做出對的選擇，而是要做出不會讓自己後悔的決定。」這點實在非常打動人心。

- 《生時間》（*Make Time*，作者：傑克．納普〔Jake Knapp〕、約翰．澤拉斯基〔John Zeratsky〕）
「我的時間總是不夠用」、「一不小心就混過時間」，我想各位應該都有這類煩惱。本書將會教你更有效率的分配時間，讓你不再白白浪費。書中介紹了八十七個管理時間的小策略，推薦從中選幾項適合自己的策略實際體驗看看吧！

- 《做事俐落的人，做事拖拉的人》（作者：山本憲明）
本書介紹了做事俐落的人，與做事拖拉的人，這兩種類型的三十七個習慣。例如，「做事俐落的人在哪裡都能工作」、「做事拖拉的人只在辦公桌上做事」，看似微不足道的習慣差異，卻造成天差地別的效率結果。想要變成做事俐落的人嗎？

推薦必讀這本書。

7. 學習法、讀書法

- 《人生中的最重要的事，書店都買得到》（作者：千田琢哉）
  本書從各種不同的觀點來闡述閱讀的好處。例如，「閱讀其實不用花很多時間」、「閱讀的同時，實踐書中內容，成功率最高」、「自己幫手上的書取一個新書名，你將會更能掌握書本的核心」等，有助於提升閱讀的動力。
- 《學習的哲學，為了即將到來的笨蛋》（作者：千葉雅也）
  作者為日本哲學家、小說家，目前執教於立命館大學，也經常在各種媒體平臺登場。他認為學習是一種破壞自我的過程，此乃相當獨特的觀點。閱讀本書，能夠讓讀者從與世俗不同的角度，深入思考關於學習這件事。
- 《槓桿閱讀術》（作者：本田直之）

與一般的閱讀論不同，本書以「一天讀一本商業書，相當於一千萬以上的投資報酬」這種角度，將閱讀視為一種投資，並在書中闡述了這種獨特的閱讀理念。推薦給希望將閱讀更活用在職場上、追求投資報酬率的讀者。

8. 飲食、養生、睡眠、運動、健康管理

- 《為什麼要睡覺？》（*Why We Sleep*，作者：沃克〔Matthew Walker〕）
作者為加州大學的教授，曾擔任美國國家籃球協會（NBA）、國家美式足球聯盟（NFL）、英格蘭足球超級聯賽的睡眠顧問。最近日本也掀起重視睡眠品質的話題潮流，本書亦說明了睡眠有多重要，書中也介紹具體方法，幫助睡眠，是一本實用性很高的書。

- 《不依靠藥物及醫師！靠自己治好所有身體不適》（作者：藤川德美）
作者本身為醫學博士，在書中傳授不用花大錢、沒有副作用、可長期使用，靠自己就能做到的營養療法。作者身為醫師，卻能將自己的利益置於度外，以客觀的

論點來闡述自我治癒的妙方。讀了這本書之後，我才知道自己也正處於營養不良的狀態。本書讓我明白自己缺乏哪些營養素，以及攝取蛋白質的重要性。重視健康養生的人，推薦必讀本書。

・《吃的投資，哈佛大學教你世界最棒的飲食法》（作者：滿尾正）

現代人大多有現代型營養失調的問題，也就是身體攝取不足所需的營養素，卻攝取過多不必要的營養。為了維持工作上的表現，我一直都很注意自己的體況，因此經常感覺飲食的內容真的很重要。重視健康管理的讀者、覺得自己最近體況不佳，想要尋求改變的讀者，推薦本書。

9. 家庭、戀愛、育兒

・《當ＡＩ機器人考上名校》（作者：新井紀子）

光看書名，會以為這是一本對比及探討「能做到任何事的ＡＩ」，與「喪失閱讀教科書能力的孩子們」的書。但事實並非如此，本書逐一列出ＡＩ與現代孩子所擁有的共同弱點，並以此為基礎，深入探討未來的教育方向及理念。推薦給已經為人父母的你。

- 《結婚一週年的經濟教科書——金錢觀相合，夫妻生活才圓滿！》（作者：坂下仁）

許多夫妻會因為金錢問題而吵架，婚姻生活觸礁，也經常是因為家中經濟出狀況。到底該怎麼解決這些問題？本書將有具體解方。儘管當今社會離婚率上升，背後的因素各式各樣；不論是已婚者，或是已有結婚打算的人，都推薦必讀這本書。

- 《男人來自火星，女人來自金星》（*Men Are From Mars, Women Are From Venus*，作者：約翰・葛瑞〔John Gray, Ph. D.〕）

我非常推薦這本書。正如書名所述，男人與女人簡直就是不同星球的生物，書中也舉了非常多例子說明。閱讀本書，不只能消弭異性之間的爭執，對於改善家庭、職場間的異性人際關係也非常受用。我真的大力推薦各位必讀這本書。

高所得者的高效閱讀法

- 讓閱讀成為你生活作息的一部分。
- 利用空檔時間閱讀時，記得把手機收進包包裡。
- 為了維持閱讀動力，建議可以把夢想、目標、理想等寫在紙上，並且貼在視線可及之處。
- 努力成為多個領域裡的百分之一。
- 善用番茄鐘工作法，及心理學的最後通牒效應，訓練自己提高專注力。
- 遇到艱澀難懂的書籍，可以先去看解析再閱讀。

後記

我從來沒聽過，有誰因買了太多書而變貧窮

我在前言的最後，寫下了「閱讀，真的可以改變人生」這句話。事實上，我認為是「我們非得靠閱讀改變人生才行」。

這個社會上的階級差距越來越大，相信大家也時有耳聞，各階級之間的鴻溝已經無法填補，甚至還有擴大的趨勢。法國的經濟學者伊曼紐爾．賽斯（Emmanuel Saez）的研究指出，以整體來說，儘管美國經濟持續增長，但最富有的一%，控制著該國約三九%的財富，而底層的九〇%，僅占該國財富的二六%（來源出處：https://www.businessinsider.jp/post-191278）。

日本的狀況雖然沒有這麼嚴峻，但是富裕階層的資產逐漸增加的同時，據說有將近三成的日本國民根本沒有存款。社會貧富差距太大，肯定會帶來不好的影響。

處於社會弱勢階層的人，會變得更需要國家的津貼補助，才得以維持生活。但我也反思，難道不做任何努力、只怨天尤人，這樣真的好嗎？

在這裡，我想要再度強調兩個重點。

第一，透過閱讀所獲得的成長，經過時間的累積，將會讓你與他人產生巨大差異。若要用具體的數字表示，就是每天閱讀獲得一％的成長，經過一年後，就會擁有三十八倍的成長。若持續五年，就會有七千七百倍、十年就會有數千兆倍。

這裡所說的成長，並不是指具體的能力，而是思考模式的成長。閱讀確實能夠提升思辨能力，即便每天只有一點點進步，但是累積起來，你的思辨能力會越寬廣且深，最後一定能讓你創造出他人望塵莫及的成果。

第二，所謂的成功人士，無一例外，都喜愛閱讀。比爾・蓋茲如是，華倫・巴菲特亦如是。柳井正也說：「我不相信不讀書就能學會經營。」成功人士透過閱讀，日積月累許多小小的努力並持之以恆，最後才能有如今的地位與成就。反之，既不讀書也不努力，最後將會獲得什麼？我想不用我多言，大家應該也能明白。

社會階級差距會如此之大，當然不能全歸咎於閱讀這項因素。但是從許多數據顯示，有無閱讀習慣，確實與社會階級差距的成因有關，那麼我們該怎麼做才好？

日本的國民義務教育只到國中。長大以後，我認為除了義務教育之外，還應該要認識一個重要名詞，就是權利教育。權利教育，意思是國民享有受教育的權利。

任何人都可以想學什麼，就學什麼，讀書不是義務，而是國民的權利。這對於求學若渴、想要增加技能的人來說，應該是一大福音吧。想要讀什麼樣的書、想成為什麼樣的人、打算度過什麼樣的人生，這些都可以自己決定。

我非常重視生涯學習。學海無涯，我會持續用最認真的態度去閱讀與學習。現在我所能做的，就是每天固定讀兩本書，並將其記錄、拍成影片，用心經營我的YouTube頻道。誠摯建議各位，一起培養閱讀的習慣，讓自己成長，成為一個能對社會有所貢獻的人。

閱讀，絕非只有逼不得已、不得不讀這兩種選項，閱讀，只有分「讀」，或「現在立刻讀」。我從來沒有聽說過，有誰因為買了太多書而變貧窮。我相信各位早一日學會我的讀書法、能多讀一本是一本，一定可以體驗到自己的快速成長，我衷心為各位加油。

國家圖書館出版品預行編目（CIP）資料

高所得者的高效閱讀法：閱讀的目的很多，而為了提高收入、拓展人際關係、職涯發展，你最需要學會這套革命性閱讀法／金川顯教著；黃怡菁譯. -- 初版. -- 臺北市：大是文化有限公司，2022.03
240 面；14.8×21 公分. --（Think；229）
譯自：「本の読み方」で人生が思い通りになる読書革命
ISBN 978-626-7041-66-6（平裝）

1. 讀書法　2. 閱讀指導

019.1　　110020058

Think 229

高所得者的高效閱讀法

閱讀的目的很多，而為了提高收入、拓展人際關係、職涯發展，你最需要學會這套革命性閱讀法

作　　者／金川顯教
譯　　者／黃怡菁
責任編輯／林盈廷
校對編輯／江育瑄
美術編輯／林彥君
副 主 編／馬祥芬
副總編輯／顏惠君
總 編 輯／吳依瑋
發 行 人／徐仲秋
會計助理／李秀娟
會　　計／許鳳雪
版權專員／劉宗德
版權經理／郝麗珍
行銷企劃／徐千晴
業務助理／李秀蕙
業務專員／馬絮盈、留婉茹
業務經理／林裕安
總 經 理／陳絜吾

出 版 者／大是文化有限公司
臺北市 100 衡陽路 7 號 8 樓
編輯部電話：（02）23757911
購書相關資訊請洽：（02）23757911 分機 122
24 小時讀者服務傳真：（02）23756999
讀者服務E-mail：haom@ms28.hinet.net
郵政劃撥帳號 19983366　戶名／大是文化有限公司

法律顧問／永然聯合法律事務所
香港發行／豐達出版發行有限公司 Rich Publishing & Distribut Ltd
地址：香港柴灣永泰道 70 號柴灣工業城第 2 期 1805 室
Unit 1805, Ph. 2, Chai Wan Ind City, 70 Wing Tai Rd, Chai Wan, Hong Kong
電話：21726513　傳真：21724355
E-mail：cary@subseasy.com.hk

封面設計／陳皜
內頁排版／顏麟驊
印　　刷／緯峰印刷股份有限公司

出版日期／2022 年 3 月初版
定　　價／新臺幣 380 元（缺頁或裝訂錯誤的書，請寄回更換）
I S B N／978-626-7041-66-6
電子書ISBN／9786267041703（PDF）
9786267041680（EPUB）

Printed in Taiwan

"HON NO YOMIKATA" DE JINSEI GA OMOIDORI NI NARU DOKUSHO KAKUMEI
by Akinori Kanagawa

Original Japanese edition published by Sogo Horei Publishing Co., Ltd.

This Traditional Chinese edition published by arrangement with Sogo Horei Publishing Co., Ltd., Tokyo,
through HonnoKizuna, Inc., Tokyo, and Keio Cultural Enterprise Co., Ltd.